Novas Receitas Light
De Myrian Abicair do Sete Voltas Spa Resort

Fotografias de Tuca Reinés e André Boccato

índice

Prefácio 4

Apresentação 5

Carpaccio de Saint Pierre e Abobrinha 6

Patê de Avocado e Pimenta com Endívia . . . 8

Salada com Cogumelo Portobello e Carpaccio de Abobrinha 10

Tomate Recheado com Cottage e Legumes 12

Abacaxi Grelhado com Requeijão e Passas 14

Quiche de Alho-Poró e Ricota 16

Risoto com Legumes no Melão 18

Cordonbleu de Mignon. 20

Escalope de Filé ao Molho Madeira 22

Farfalle ao Sugo 24

Bracholinha de Frango Recheada com Abobrinha e Pimenta Rosa 26

Abadejo ao Molho de Manga 28

Mini Abóbora Recheada com Cottage e Ervas Finas. 30

Sushi à Califórnia 32

Trouxinha de Truta com Shimeji Enrolada na Abobrinha 34

Brownie de Chocolate com Sorvete de Coco . 36

Cheesecake de Frutas Vermelhas. 38

Crepe de Frutas com Calda de Morango . . 40

Gelatina Mosaico com Calda de Limão . . . 42

Manjar de Caju. 44

Manjar de Coco 46

Manjar de Laranja Recheada 48

Pudim de Chocolate 50

Pudim de Baunilha 52

Pudim de Tâmaras 54

Salada de Frutas com Cottage. 56

Torta de Coco. 58

Torta de Morango. 60

Torta de Pêra com Calda de Uva 62

Prefácio

À mesa, menos é mais

Há pessoas que naturalmente comem pouco, são moderadas e muito disciplinadas quanto à quantidade e variedade de alimentos. Não é o meu caso. Há pessoas ainda que, mesmo comendo de tudo, graças a um metabolismo eficiente, nunca se preocupam com o peso, nem têm de ouvir as inevitáveis ordens médicas para moderar o apetite e acelerar nos exercícios. Também não é o meu caso. Anos atrás, a combinação de uma dieta calórica com hábitos sedentários me levou a um estado de saúde que me afastaria temporariamente das mesas fartas e saborosas. Depois de um período condenado a tristes refeições sem sabor e sem graça, já me sentia quase conformado com meu destino quando passei alguns dias num spa. Foi quando conheci o Sete Voltas. Minha primeira surpresa foi perceber que, sim, eu podia fazer muito mais atividades físicas. A maior surpresa, porém, foi à mesa. Como era possível que aqueles pratos que não só eram saborosos, mas também pareciam saborosos, tivessem apenas 50, 100 calorias? Comida magra e gostosa? Quem conhece o Sete Voltas sabe que tudo por ali tem o toque cuidadoso de sua proprietária, Myriam Abicair. Vê-se isso em todos os detalhes do ambiente, que convida o hóspede a reduzir sua ansiedade e tornar-se mais consciente de tudo o que faz, seja num alongamento corporal, seja no ritmo de levar o garfo à boca. Fica mais fácil ter essa consciência diante dos pratos que chegam à mesa, como uma espécie de declaração de amor que vem lá da cozinha. Durante quase duas décadas, Myriam vem aperfeiçoando seu conhecimento na criação de cardápios que equilibram as necessidades nutricionais com preparações saborosas e atraentes. Como é que esse molho, tão espesso, não tem creme ou queijo? Que óleo foi usado para grelhar o peixe? Como é possível que essa torta faça parte de uma dieta de apenas 600 calorias diárias? As respostas estão no uso de espessantes, como couve-flor batida, no óleo mineral ou nos doces que não têm gosto de adoçante. Estão na forma de apresentação dos pratos e no seu equilíbrio nutritivo. Estão principalmente nas páginas deste novo livro no qual Myriam compartilha muitos de seus segredos. Sou feliz por conhecer alguns deles e tê-los trazido à minha vida diária, na qual alterno eventuais passagens por mesas fartas com freqüentes pausas de baixas calorias. Trazer para a vida cotidiana hábitos mais saudáveis é um desafio que para mim ficou mais fácil, depois de assimilar alguns conceitos de nutrição que me foram servidos como experiência do paladar. Quando saí do spa, estava com sete quilos a menos e uma certeza a mais: é possível fazer dietas e ainda assim desfrutar do sabor e do prazer à mesa. Myriam, o seu Sete Voltas e suas deliciosas receitas estão aí para provar isso.

Caco de Paula

Apresentação

Receitas de vida

Sempre me perguntam qual é o meu segredo para criar pratos saborosos e sofisticados, que fazem as pessoas saírem da mesa satisfeitos, mesmo comendo uma dieta de 600 a 1200 calorias. Antes de mais nada, são dezoito anos de muita dedicação e experiência à frente do Spa Sete Voltas, premiado como o melhor do Brasil. Não existe fórmula mágica para comer corretamente. Saber comer é uma arte que se aprende educando os sentidos e respeitando a si próprio. O melhor aprendizado é fazer sua própria comida e descobrir que cozinhar faz parte do ritual da refeição, além de ser uma ótima terapia. Aliás, começa antes mesmo de ir para a cozinha. Encare a ida ao mercado como um agradável e instrutivo passeio. Passe longe de produtos muito industrializados, de gorduras saturadas, evite açúcar refinado, reduza as carnes vermelhas. Leia os rótulos. Alguns produtos são verdadeiras bombas químicas. Prefira alimentos naturais e de baixa caloria. Abuse das fibras. Encha a sacola com grãos integrais, ervas aromáticas, peixe fresquinho, frutas suculentas, hortaliças da estação.

Vista uma roupa confortável e bonita para cozinhar. Respeite sua cozinha como se estivesse num templo sagrado. Pratique a meditação ativa. Respire suavemente, alinhe a coluna, encolha a barriga. Fique atento ao que está fazendo. Extraia o que há de melhor nos alimentos. Pense no bem que farão à sua saúde. Seja gentil ao lavar e cortar as verduras. Use bons utensílios. Aja com delicadeza em cada etapa do preparo. A receita pode ser simples, jamais sua apresentação. Um prato bem decorado acalma a fome, alegra a todos e atrai elogios. Sente-se calmamente e desfrute sem pressa. Mastigue devagar. Mais do que saciar a fome, o ato de comer é despertar o paladar, aguçar a visão, estimular o olfato, proporcionar o prazer.

Neste livro, selecionei receitas muito fáceis de fazer. São pratos rápidos, nutritivos e saborosos, que servirão de base para você criar variações e incrementar sua alimentação. Optei em apresentar as receitas salgadas da mesma forma como são feitas no Spa Sete Voltas, sem o uso de sal ou temperos mais elaborados, acessíveis também àqueles com dietas restritivas. Portanto, use o bom senso e moderação também na hora de temperar. Prefira o sal light, misturando-o com ervas frescas e um fiozinho de azeite de oliva. Escolha molhos suaves, à base de iogurte desnatado ou limão. Assim, manterá as propriedades e sabor do alimento, educará seu paladar, cuidará da saúde e terá sua comidinha temperada levemente a seu gosto.

Ah!, procure sempre um especialista antes de iniciar um regime e não esqueça de fazer uma atividade física. Às vezes, basta uma boa caminhada, um passeio com seu cachorrinho, uma divertida aula de dança. Ajudará muito no seu plano de dieta. Emagrecer será apenas uma conseqüência. O mais importante é celebrar a vida, desfrutando-a com prazer e saúde.

Myriam Abicair

Carpaccio de Saint Pierre e Abobrinha

Ingredientes

150 de carpaccio de peixe

Saint Pierre

1 pepino médio

1 abobrinha média

1 rodela de carambola

1 rodela de cenoura

Modo de Preparo

Para acertar no corte do carpaccio de peixe, depende muito do tempo e da experiência que temos para fazê-lo. Quando me sobra tempo, escolho uma bela posta de peixe, limpo muito bem, envolvo em plástico filme e levo ao congelador, até que a carne fique bem firme, quase congelada. Retiro o plástico e, com uma boa faca japonesa, própria para sashimi, bem afiada, corto a quantidade que usarei em finíssimas lâminas. Mas geralmente busco a opção mais rápida e prática, ainda na peixaria, pedindo ao meu peixeiro de confiança para que já corte uma parte do peixe em finas fatias de carpaccio. Resolvo assim, a parte mais difícil da receita. Nem sempre estou disposta a comer o peixe cru. Na maioria das vezes, coloco as fatias de carpaccio para uma rápida afervtentada, numa panela de cozinhar no vapor já com a água aquecida. Deixo no máximo por uns 50 segundos, cuidando para manter a transparência da carne, sem cozinhá-la. Retiro do fogo e deixo de lado esfriando. Depois de lavar e enxugar bem o pepino e a abobrinha, raspo delicadamente a parte superficial da casca. Corto o pepino na longitudinal, em longas e finas tiras e reservo. Em seguida, também fatio a abobrinha em lâminas compridas e finíssimas, como um carpaccio. Começo a montar o prato arrumando as fatias de pepino, em forma de estrela. Junto, uma por vez, cada fatia de abobrinha com uma lâmina do carpaccio de peixe. Gentilmente, faço rolinhos em forma de cone aberto e vou dispondo sobre o pepino, no centro do prato, desenhando uma delicada flor. Arremato enlaçando a última volta da flor com uma fatia de peixe, para ficar bem firme. Dou um toque final, decorando com uma estrelinha de carambola e a fatia de cenoura esculpida na forma de um coração. Sirvo imediatamente.

Entradas | Rendimento: 10 porções | Calorias: 36 kcal/porção

Patê de Avocado e Pimenta com Endívia

Ingredientes

- meia couve-flor média
- 2 avocados médios
- 120 ml de água do cozimento da couve-flor
- 1/4 de pimenta dedo-de-moça
- 1 endívia média
- pimenta vermelha em grão para decorar

Modo de Preparo

Depois de bem limpa, coloco a couve-flor em uma panela para cozinhar no vapor e levo ao fogo. Mantenho cozinhando até ficar macia. Corto ao meio os avocados, desprezo o caroço, separo a polpa da casca e reservo. Retiro a couve-flor do fogo e despejo em uma caneca medidora, 120 ml da água utilizada no cozimento. Espero esfriar. Depois de picar a pimenta e a couve-flor em pedaços menores, transfiro para um liquidificador. Acrescento a polpa dos avocados e a água da couve-flor. Deixo bater até encorpar e obter uma consistência bem cremosa. Separo um prato redondo e grande para servir. Cubro sua superfície com folhas que escolhi em minha horta, bem verdinhas e frescas, como as de couve, por exemplo. Arrumo pequenas porções do patê de avocado em delicadas colherinhas japonesas. Enfeito com algumas pimentinhas vermelhas em grão. Delicadamente, abro algumas folhas da endívia, formando uma bela flor, e posiciono bem no meio do prato. Distribuo as colherinhas de patê em círculo, ao redor da flor de endívia. Levo à mesa e uso as folhas de endívia como base para degustar o patê. Além de ser uma entrada fácil de fazer, leve e muito saborosa, sem dúvida é um prato maravilhoso para fazer bonito numa reunião especial.

Dica: O avocado é uma variedade do abacate, menor e de polpa mais clara e cremosa. Sua consistência amanteigada empresta um sabor delicado e intenso ao mesmo tempo. Sempre utilizo essa frutinha maravilhosa em minhas dietas. Muito nutritiva e poderosa fonte de energia, concentra várias vitaminas, minerais, proteínas e fibras. Sua oleosidade é semelhante à do azeite de oliva, ajudando a diminuir o colesterol ruim. Mas pelo seu elevado teor de gordura — um fruto médio contém cerca de 150 calorias — recomendo consumi-lo com moderação.

Entradas | Rendimento: 1 porção | Calorias: 45 kcal/porção

Salada com Cogumelo Portobello e Carpaccio de Abobrinha

Ingredientes

1 cogumelo portobello

2 aspargos

1 folha pequena de couve

1 maço pequeno de alfafa

2 fatias finas de abobrinha

1 tomate cereja

1 fatia fina de carambola

Modo de Preparo

Depois de lavar e secar muito bem todos os ingredientes, coloco o cogumelo portobello e os aspargos separadamente, cada um em uma panelinha, com água suficiente apenas para cobri-los. Levo ao fogo médio e deixo aferventar rapidamente, para preservar seu sabor e firmeza, no ponto "al dente". Inicio a montagem da salada dispondo primeiro o cogumelo e a couve. Centralizo os aspargos sobre a folha, arrematando junto ao caule o macinho de alfafa. Para dar a consistência de carpaccio à abobrinha, corto as duas fatias em finíssimas lâminas. Dobro delicadamente cada fatia, colocando-as lado a lado entre o cogumelo. Dou um toque suavemente colorido ao prato, com o tomatinho e a estrelinha de carambola, e levo à mesa.

Entradas | Rendimento: 1 porção | Calorias: 84 kcal/porção

Tomate Recheado com Cottage e Legumes

Ingredientes

meia xícara (chá) de seleta de legumes (vagem, abobrinha e cenoura)

1 buquê pequeno de ervas aromáticas

1 cebolinha verde

1 aspargo fresco

1 tomate grande

2 colheres (sopa) de queijo cottage

3 rodelas de tamarijo para decorar

Modo de Preparo

Começo a preparar os legumes, separando uma vagem, meia cenoura pequena e a metade de uma mini abobrinha. Depois de limpá-los adequadamente, corto a cenoura e a vagem em pequenas rodelas e a abobrinha em pedacinhos. Faço um pequeno buquê com as ervas que escolhi a gosto, amarrando delicadamente com uma cebolinha. Junto com o aspargo, coloco a seleta de legumes para cozinhar no vapor. Acrescento o buquê de ervas para aromatizar. Deixo no fogo por alguns minutinhos, apenas para que fiquem cozidos no ponto "al dente". Retiro a panela do fogo, desprezo o buquê, transfiro os legumes e o aspargo para um prato de serviço e deixo esfriar. Escolho um tomate sadio, bem firme e bonito. Depois de higienizá-lo, corto ao meio, retiro delicadamente as sementes e a polpa. Recheio cada parte do tomate com o queijo cottage. Distribuo harmoniosamente os pedacinhos de legumes sobre o cottage. Acomodo o tomate recheado no prato que irei servir. Abro o aspargo ao meio, num corte longitudinal e ajeito ao lado do tomate. Corto três fatias generosas de tamarijo e distribuo ao redor do aspargo, dando um toque decorativo ao conjunto. Sirvo em seguida.

Acompanhamentos | Rendimento: 1 porção | Calorias: 150 kcal/porção

Abacaxi Grelhado com Requeijão e Passas

Ingredientes

1 fatia média de abacaxi

2 colheres (sopa) de requeijão cremoso light

1 colher (sopa) de uva passa sem caroço

1 morango médio para enfeitar

3 folhas pequenas de abacaxi para enfeitar

Modo de Preparo

Em um grill ou em uma frigideira antiaderente, coloco o abacaxi para grelhar dos dois lados. Enquanto isso, uso um potinho de louça para fazer o recheio com o requeijão e as passas, misturando delicadamente. Transfiro o abacaxi para o prato, despejo por cima o requeijão com passas e, com muito cuidado, dobro a fatia ao meio como se fosse um crepe. Decoro com o morango e as folhinhas do abacaxi e sirvo em seguida.

Dica: Esta é uma receita rápida e deliciosa, que pode ser usada tanto como sobremesa, como um acompanhamento agridoce de um leve prato salgado.

Acompanhamentos | Rendimento: 10 porções | Calorias: 104 kcal/porção

Quiche de Alho-Poró e Ricota

Ingredientes

6 cabeças de alho-poró

1 ricota fresca (500 g)

2 folhas grandes de acelga

1 e meia abobrinhas pequenas

3 ovos inteiros

1 pitada de páprica doce

1 envelope de caldo de legumes em pó

1 pitada de pimenta do reino

4 cebolinhas verdes

salsinha picada

1 ramo pequeno de erva-doce para decorar

Modo de Preparo

Corto o alho-poró bem picadinho e ralo toda a ricota. Separo duas folhas bem bonitas de acelga e três metades de abobrinha. Em uma tigelinha bato ligeiramente três ovos. Reservo tudo. Tempero as abobrinhas com a páprica e coloco para grelhar. Refogo o alho-poró em uma frigideira antiaderente, acrescento a ricota ralada e misturo. Adiciono em seguida os ovos batidos e mexo bem para misturar os ingredientes. Tempero com o caldo de legumes e uma pitadinha de pimenta do reino e deixo cozinhar mais um pouquinho. Retiro as abobrinhas do grill e reservo. Estico em uma fôrma refratária as duas folhas de acelga, arrumo por cima o recheio dobro cada folha, "envelopando" o recheio. Amarro em cada ponta uma cebolinha verde. Levo ao forno moderado para terminar de cozinhar e dar uma leve gratinada. Retiro do forno, transfiro para o prato e ajeito as abobrinhas ao lado. Arremato a decoração com um raminho de erva-doce e salsinha bem picadinha. Sirvo em seguida.

Risoto com Legumes no Melão

Ingredientes

1 xícara (chá) de arroz selvagem e integral

1 pitada de sal light

1 colher (sopa) de ervilha fresca cozida

1 colher (sopa) de abobrinha cozida

2 colheres (sopa) de cenoura cozida

2 couves de bruxelas cozidas

1 ramo de brócolis

1 buquê pequeno de ervas aromáticas

meio melão orange

1 flor comestível para decorar

Modo de Preparo

Faço uma bela mistura de grãos de arroz selvagem e variedades do arroz integral, como o agulhinha, cateto liso e cateto vermelho. Coloco para cozinhar, com água e uma pitada de sal, o suficiente para que fique "al dente". Em outra panela, coloco a ervilha fresca, a abobrinha e a cenoura cortadas em cubinhos, a couve de bruxelas e o brócolis. Cubro com água, acrescento um pequeno buquê de ervas frescas para aromatizar. Levo ao fogo e deixo que cozinhe até o ponto "al dente". Retiro a panela com os legumes do fogo. Desprezo o buquê de ervas, reservo o brócolis e misturo o restante dos legumes com o arroz, deixando mais um pouco no fogo apenas para secar a água. Desligo o fogo e transfiro o arroz com legumes para a metade do melão, já limpo e sem as sementes. Coloco o raminho inteiro de brócolis em um canto do recheio. Ao lado, enfeito com uma delicada flor comestível.

Um prato muito fácil de preparar, muito nutritivo, delicioso e muito charmoso para oferecer às visitas. Quando faço, só recebo elogios.

Carnes | Rendimento: 1 porção | Calorias: 225 kcal/porção

Cordonbleu de Mignon

Ingredientes

65 g de filé mignon

1 fatia (média) de queijo tipo mussarela

6 vagens

2 morangos grandes

1 carambola média

salsa picadinha para decorar

50 ml de suco de tomate

1 ramo de alecrim para decorar

Modo de Preparo

Corto um belo filé de mignon fino, largo e comprido. Arrumo a fatia de mussarela sobre o filé e dobro-o ao meio, na longitudinal. Levo ao grill e deixo grelhando até assar e dourar por inteiro a carne. Enquanto isso, cozinho as vagens no vapor, o suficiente para ficar no ponto "al dente". Corto os morangos em cinco generosas rodelas e a carambola em cinco fatias em forma de estrela. Reservo. Pico finamente a salsinha e deixo de lado. Despejo o suco de tomate em uma panelinha e mantenho aquecendo em fogo brando. Retiro o filé recheado do grill e corto em seis fatias. Distribuo os cordonbleu de mignon no centro do prato. Rego o suco de tomate aquecido por cima dos cordonbleu. Disponho três vagens em cada lado da carne. Intercalo as fatias de morango e carambola, enfeitando todo o redor do prato. Dou um toque final na apresentação, colocando um raminho de alecrim e polvilhando por entre as frutas a salsa bem picadinha.

Carnes | Rendimento: 2 porções | Calorias: 115 kcal/porção

Escalope de Filé ao Molho Madeira

Ingredientes

2 escalopes de filé mignon

1 abobrinha pequena

1 cenoura pequena

flores comestíveis para decorar

Molho

1/4 de envelope de caldo de carne light

250 ml de água fervente

1 colher (sopa) rasa de margarina light

2 colheres (sopa) rasas de farinha de trigo branca

100 ml de vinho madeira

Modo de Preparo

Pego os escalopes de filé mignon e coloco para grelhar, o suficiente para assar a carne ao ponto, deixando-a suculenta. Corto finamente cinco rodelas de abobrinha e oito rodelas de cenoura. Com o pedaço que sobrou dos dois legumes, ralo em longos fios. Reservo.

Molho

Em uma caneca de louça, diluo o caldo de carne em água fervente. Reservo. Derreto a margarina em uma pequena frigideira, junto aos poucos a farinha misturando bem. Deixo cozinhar, sem parar de mexer, até dourar. Retiro do fogo e, sempre mexendo para não empelotar, acrescento o caldo de carne. Volto a panela ao fogo e continuo mexendo até ferver, obtendo um molho encorpado. Por último, acrescento o vinho, misturo bem, sem deixar ferver. Retiro do fogo e reservo. Coloco um escalope no meio do prato. Arrumo as rodelas de abobrinha, sobrepostas em fileira, ao lado da carne e as rodelinhas de cenoura do outro lado. Faço um delicado ninho com os fios de abobrinha e cenoura e acomodo em um canto. Espalho a metade do molho por cima da carne. Decoro com as flores e sirvo.

Massas | Rendimento: 1 porção | Calorias: 95 kcal/porção

Farfalle ao Sugo

Ingredientes

5 mini chuchus

50 g de macarrão tipo farfalle

1 concha (pequena) de suco de tomate (50 ml)

1 folha de alface roxa

1 folha de radiccio

1 folha de endívia

1 maço pequeno de alfafa

1 ramo de salsa japonesa

7 cebolinhas verdes para decorar

Modo de Preparo

Descasco gentilmente os mini chuchus, lavando bem para retirar a goma que os envolve. Coloco em uma panelinha, cubro com água e deixo no fogo moderado, até ficarem cozidos e tenros. Levo ao fogo alto uma panela própria para cozinhar massa, com meio litro de água pelo menos, e espero ferver. Retiro a tampa da panela, mantenho em fogo alto e coloco o farfalle para cozinhar até ficar no ponto "al dente". Aqueço levemente o suco de tomate. Escorro bem o macarrão e arrumo em um canto do prato. Cubro toda a massa com o suco de tomate aquecido. Distribuo em volta os mini chuchus. Coloco o raminho de salsa por cima para decorar. Continuo a montagem do prato, fazendo um arranjo delicado com a alface, sobrepondo o radiccio e a endívia, arrematando com o macinho de alfafa. Por fim, enfeito com a cebolinha ao redor do prato e levo à mesa.

Aves | Rendimento: 1 porção | Calorias: 205 kcal/porção

Bracholinha de Frango Recheada com Abobrinha e Pimenta Rosa

Ingredientes

2 filés de peito de frango

ervas aromáticas e limão para temperar

meia cenoura

4 fatias finas de abobrinha

1 colher (sopa) de pimenta rosa

1 concha de suco de tomate (50ml)

1 colher (sopa) de queijo cottage

1 ramo de salsa japonesa para decorar

salsa picada para decorar

Modo de Preparo

Corto dois filés compridos e finos de peito de frango. Limpo bem e deixo descansando por uns 30 minutos, temperados com uma misturinha de ervas aromáticas e gotinhas de limão. Aproveito para cortar duas tiras de cenoura fazendo um feixe de finos palitos. Também corto quatro fatias de abobrinha em longas e finas lâminas. Coloco os filés para grelhar até ficarem dourados, mas ainda suculentos. Estico cada fatia de abobrinha, distribuo um pouco de pimenta rosa em todas e enrolo delicadamente uma por vez. Reservo. Em um potinho, misturo ligeiramente o suco de tomate com o cottage e reservo. Retiro os filés do grill. Ajeito dois rolinhos de abobrinha por cima de cada filé e enrolo com cuidado para que fiquem bem firmes, mas sem apertá-los. Corto cada um dos filés em duas bracholinhas. Despejo gentilmente o molho no centro do prato, sem esparramar muito. Arrumo uma das bracholinhas por cima e ao meio do molho e posiciono as outras três ao redor. Emolduro as bracholinhas com os feixes de cenoura e o ramo de salsa. Dou um toque final, pulverizando salsinha bem picadinha por cima de tudo.

Peixes | Rendimento: 1 porção | Calorias: 115 kcal/porção

Abadejo ao Molho de Manga

Ingredientes

60 g de peixe abadejo

meia manga tipo Palmer

100 ml de água

1 colher (sobremesa) de sementes de gergelim preto

2 tomates pêra

2 raminhos de hortelã para decorar

Modo de Preparo

Corto o abadejo em três cubos iguais. Acomodo os cubos de peixe em uma panela apropriada para cozinhar no vapor. Levo ao fogo moderado, mantendo até que o peixe esteja cozido e macio, preservando a firmeza de sua carne. Enquanto isso, corto a manga em pedaços, coloco em uma panela pequena e acrescento a água. Deixo cozinhar em fogo médio, mexendo vez ou outra, até obter um molho encorpado e uniforme. Retiro do fogo e deixo esfriar um pouco. Transfiro esse molho para o liquidificador, bato ligeiramente para aveludar sua consistência e passo em uma peneira. Arrumo delicadamente os cubos de abadejo no prato. Entorno por cima uma concha pequena do molho. Polvilho de maneira farta sementes de gergelim e finalizo decorando com os tomatinhos e os raminhos de hortelã.

Mini Abóbora Recheada com Cottage e Ervas Finas

Ingredientes

4 camarões grandes

1 colher (chá) rasa de açafrão

2 vagens

4 mini espigas de milhos

1 buquê pequeno de ervas finas a gosto para temperar

1 mini abóbora

2 colheres (sopa) de queijo cottage

5 ramos de salsa japonesa

salsa picada a gosto

Modo de Preparo

Limpo bem os camarões e retiro a casca, preservando a parte da cauda. Tempero com o açafrão e coloco em uma panela para cozinhar no vapor. Deixo no fogo moderado, o suficiente para que o camarão fique levemente cozido, "al dente", e absorva o sabor e a cor amarelo-dourado do açafrão. Em outra panela, cozinho em um pouco de água as vagens e as mini espigas de milhos, junto com um pequeno buquê de ervas frescas para aromatizar, até ficarem tenros. Corto em tampa a parte superior da abóbora e retiro quase toda a polpa (aproveito para utilizá-la em outra receita). Retiro os camarões do fogo, corto apenas um em pequenos pedaços e misturo ao queijo cottage. Retiro as vagens e os milhos do fogo, escorro a água e desprezo o buquê de ervas. Corto as vagens em pequenas rodelas e acrescento ao cottage. Utilizo essa mistura para rechear a mini abóbora e a coloco no centro do prato. Distribuo os mini milhos ao redor. Introduzo um camarão dentro do recheio, deixando uma parte dele e a cauda para fora. Arrumo os dois camarões restantes entre os milhos e acomodo a tampa da abóbora em um canto. Dou um toque final, decorando com raminhos de salsa japonesa e pulverizando por cima de tudo um pouco de salsinha picada. Levo à mesa em seguida.

Peixes | Rendimento: 6 porções | Calorias: 95 kcal/porção

Sushi à Califórnia

Ingredientes

3 colheres (sopa) de gergelim branco

4 camarões grandes limpos

2 xícaras (chá) de água

4 tiras de atum fresquíssimo

6 folhas de algas tipo Nori (com cerca de 20 cm)

4 xícaras (chá) de arroz para sushi cozido

6 tiras de manga

6 tiras de pepino japonês

6 tiras de cenoura crua

1 colher (sopa) de wasabi (raiz forte)

1 fatia de maracujá doce para decorar

meia cenoura para decorar

meia beterraba para decorar

gergelim colorido para decorar

Modo de Preparo

Tosto o gergelim em uma frigideira antiaderente, até ficar dourado. Limpo o camarão, retiro a casca, espeto um palito no meio do seu corpo para ficar reto ao cozinhar. Levo ao fogo com uma xícara de água e deixo ferver por cinco minutos. Escorro e deixo esfriar. Em outra panela, coloco o atum com uma xícara de água e deixo ferver por dois minutos. Escorro e deixo esfriar. Preparo o wasabi, misturando uns pinginhos de água e mexendo bem para se transformar numa massa esverdeada, pronta para consumir. Estico uma esteira de bambu para enrolar o sushi, coloco a folha de alga Nori. Espalho por cima o arroz, cobrindo toda sua área e polvilho o gergelim tostado. Vou formando fileiras, sucessivamente, colocando uma tira de atum, de manga, de pepino, de cenoura, de camarão e um pouquinho de wasabi. Deixo que fiquem para fora da alga algumas fatias de manga, pepino e cenoura, dando um efeito decorativo. Enrolo os rolinhos de sushi, com o auxílio da esteira, como se fosse um pequeno rocambole, deixando bem firme, mas sem apertar. Com uma faca afiada, corto os sushis. Decoro com a fatia de maracujá, a cenoura, a beterraba e o gergelim colorido.

Dica: Wasabi é um tipo de pimenta japonesa, bem forte, de cor esverdeada, que por aqui chamamos também de raiz forte. Ela é vendida em pó, de cor meio amarelada.

Trouxinha de Truta com Shimeji Enrolada na Abobrinha

Ingredientes

1 filé de truta

2 colheres (sopa) de cogumelos shimeji

6 baby carrots

1 fatia fina de abobrinha

4 tiras pequenas de abobrinha para decorar

1 ramo de alecrim para decorar

Molho

meia cebola média

2 colheres (sopa) de margarina light

meia xícara de mostarda cremosa condimento

Modo de Preparo

Em uma panela própria para cozinhar no vapor, coloco o filé de truta, os cogumelos shimeji e as baby carrots (mini cenouras). Levo ao fogo moderado apenas o tempo suficiente para cozinhar os ingredientes, cuidando para que continuem tenros. Aproveito para cortar uma longa e finíssima fatia de abobrinha. Também corto outra fatia da abobrinha, não tão fina, e divido em quatro pequenas tiras. Retiro o peixe, as cenourinhas e os cogumelos do fogo. Deito a truta em um prato de serviço, sobre ela o shimeji e faço uma trouxinha. Reservo tudo.

Molho

Pico a cebola e coloco para refogar com a margarina, em uma frigideira. Quando a cebola estiver levemente dourada, acrescento a mostarda e misturo. Retiro do fogo e bato no liquidificador, até formar uma pasta homogênea. Em seguida passo em uma peneira para aveludar o molho. Estico a abobrinha no meio do prato que vou servir, centralizo sobre ela a truta recheada com shimeji e enrolo delicadamente, envolvendo toda a trouxinha. Distribuo as cenourinhas aos pares, intercaladas pelas tirinhas de abobrinha, aproveitando para fazer um arranjo bem bonito. Rego gentilmente o molho por cima de tudo. Finalizo a apresentação do prato, enfeitando com um raminho de alecrim.

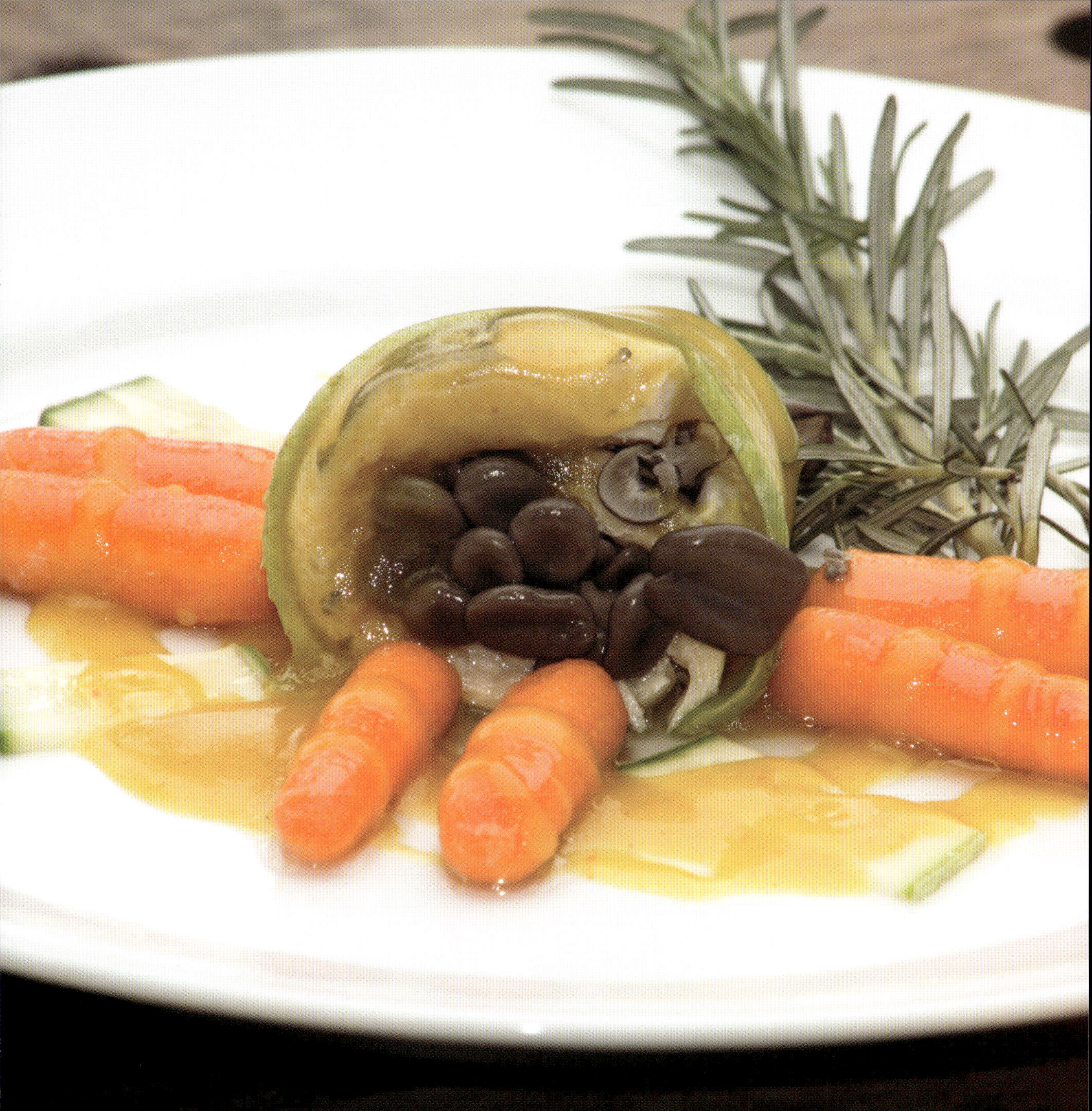

Brownie de Chocolate com Sorvete de Coco

Ingredientes

Brownie

3 claras

2 gemas

1 colher (sopa) de adoçante para uso culinário

1 colher (sopa) de farinha de trigo branca

1 xícara (chá) de achocolatado diet ou ligth (100 g)

1 colher (sobremesa) de essência de baunilha

1 xícara (chá) de água (240 ml)

1 colher (sopa) de fermento em pó

10 bolas de sorvete light sabor coco

10 cerejas para decorar

Calda

1 caixinha de pudim diet sabor chocolate (35 g)

500 ml de leite desnatado

Modo de Preparo

Brownie

Bato as claras em neve na batedeira. Adiciono as gemas e continuo a bater. Acrescento o adoçante, a farinha, o achocolatado, a essência de baunilha e a água. Continuo batendo. Por último, coloco o fermento e misturo bem. Passo a massa para uma fôrma untada e levo para assar no forno preaquecido, em temperatura moderada, por aproximadamente 30 minutos.

Calda

Misturo em uma panela o pó do pudim e a água, sem deixar empelotar. Levo ao fogo moderado, mexendo sempre, até ficar cremoso. Retiro o brownie do forno, espero esfriar e desenformo. Com a ajuda de uma forminha redonda, corto em pedaços pequenos no formato de bolacha. Começo a montar o brownie, colocando uma rodelinha de massa no meio do prato e regando um pouco da calda. Acomodo por cima o sorvete e sobreponho mais uma rodela de bolo, 'ensanduichando' o sorvete, sem apertar. Despejo o restante da calda por cima, deixando que escorra um pouco ao redor do brownie. Arremato decorando com as cerejas e sirvo em seguida.

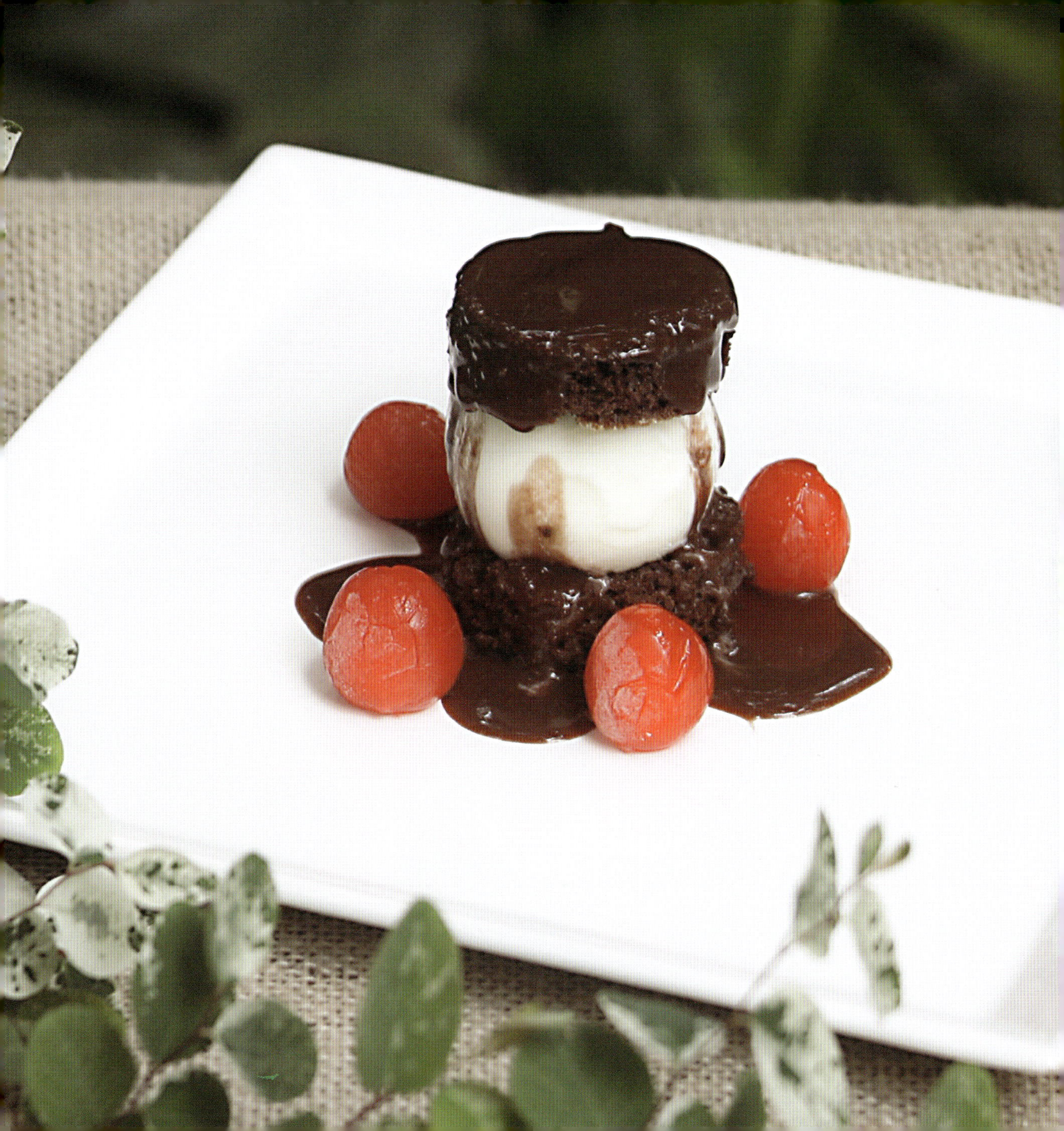

Sobremesas | Rendimento: 10 porções | Calorias: 174 kcal/porção

Cheesecake de Frutas Vermelhas

Ingredientes

Massa

1 pacote de biscoito tipo maria triturado

meia lata de refrigerante diet sabor guaraná

Creme

meia xícara (chá) de leite desnatado

200 g de ricota fresca

150 g de cream cheese light

4 ovos inteiros

2 xícaras (chá) de adoçante em pó para uso culinário

Cobertura

1 xícara (chá) de amoras

1 xícara (chá) de framboesas

5 morangos cortados ao meio

3 caixas de gelatina de morango (105 g)

300 ml de água

Modo de Preparo

Massa

Misturo os biscoitos triturados com o guaraná e amasso bem até formar uma massa homogênea. Pego uma assadeira de 20 cm com fundo removível e forro com essa massa, distribuindo em toda sua base, usando os dedos e a palma das mãos para deixar bem esticada. Reservo.

Creme

Coloco no liquidificador o leite com a ricota, o cream cheese, os ovos e o adoçante. Bato até homogeneizar todos os ingredientes. Despejo o creme sobre a massa e levo a fôrma para o forno preaquecido. Deixo assar em fogo moderado, até que o recheio e a massa fiquem firmes e levemente dourados. Retiro do forno, espero esfriar e deixo na geladeira.

Cobertura

Arrumo harmoniosamente as amoras, as framboesas inteiras e os morangos cortados ao meio. Coloco na geladeira. Diluo a gelatina na água fervente e deixo esfriar. Retiro a fôrma da geladeira, adiciono delicadamente a gelatina por cima das frutas. Levo novamente para gelar, até ficar bem firme. Desenformo o cheesecake somente na hora de servir.

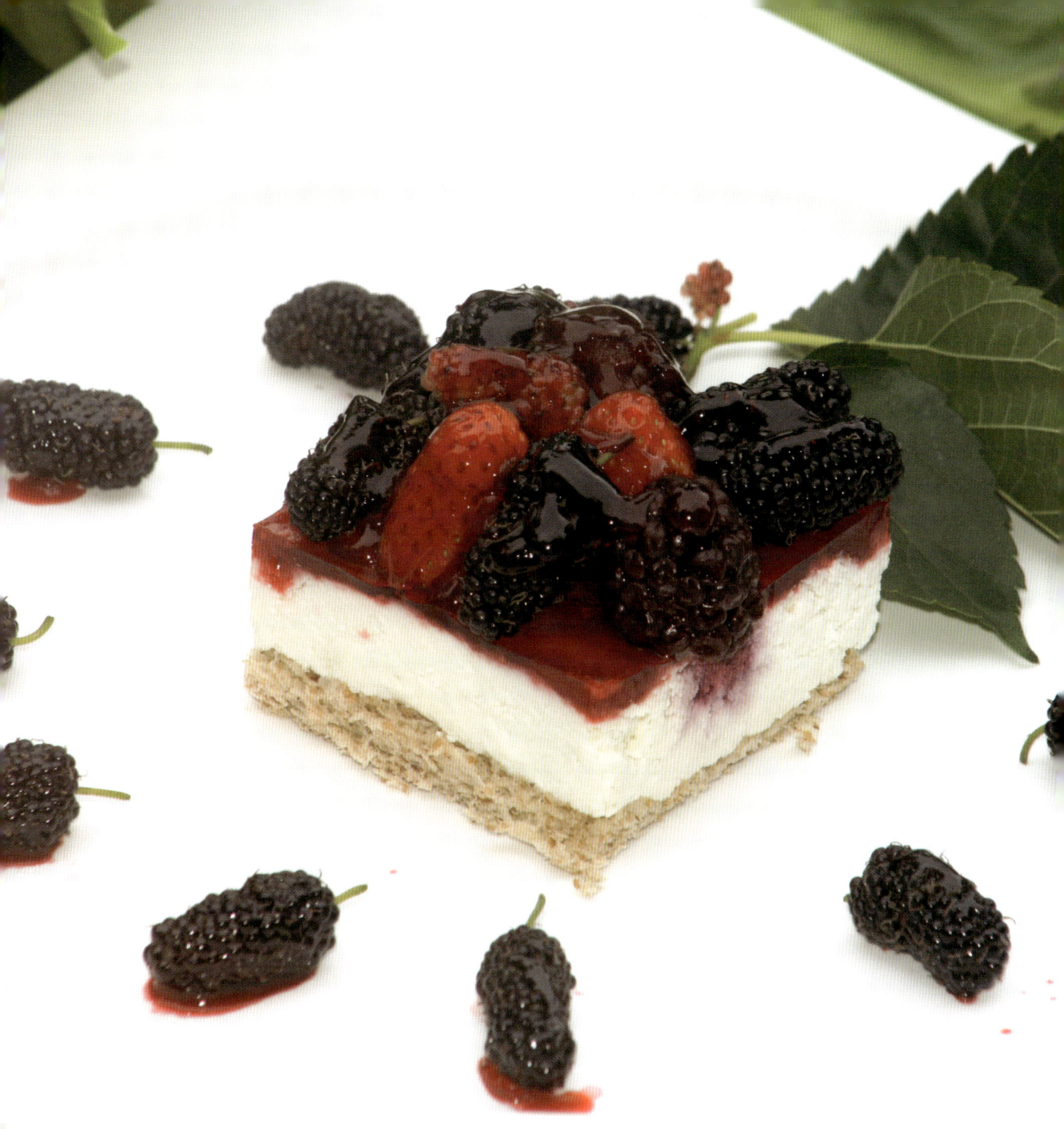

Sobremesas | Rendimento: 6 porções | Calorias: 160 kcal/porção

Crepe de Frutas com Calda de Morango

Ingredientes

Massa

4 colheres (sopa) de farinha de trigo integral orgânica

1 clara de ovo

1 xícara (chá) de leite desnatado

Recheio

12 colheres (sopa) de frutose

30 morangos cortados em fatias médias

600 ml de água

3 kiwis cortados em fatias médias

12 fatias médias de carambola

6 cerejas

6 bolas de sorvete de creme light

12 fatias de laranja para decorar

6 ramos pequenos de hortelã para decorar

Modo de Preparo

Massa

Coloco todos os ingredientes no liquidificador e bato até misturar bem, formando uma massa fina e leve. Aqueço uma frigideira antiaderente no fogo médio e começo a grelhar os crepes. Uso como medida para cada porção uma concha pequena. Arrumo o crepe em um prato e reservo.

Recheio

Levo ao fogo médio uma panela com a frutose, os morangos e a água. Deixo ferver até formar uma calda, cuidando para não despedaçar todo o morango. Retiro do fogo e deixo esfriar. Recheio o crepe com as frutas, arrumo o sorvete e decoro com a laranja e a hortelã. Rego as frutas com um pouco da calda. Despejo o restante sobre o sorvete e o crepe já dobrado e sirvo.

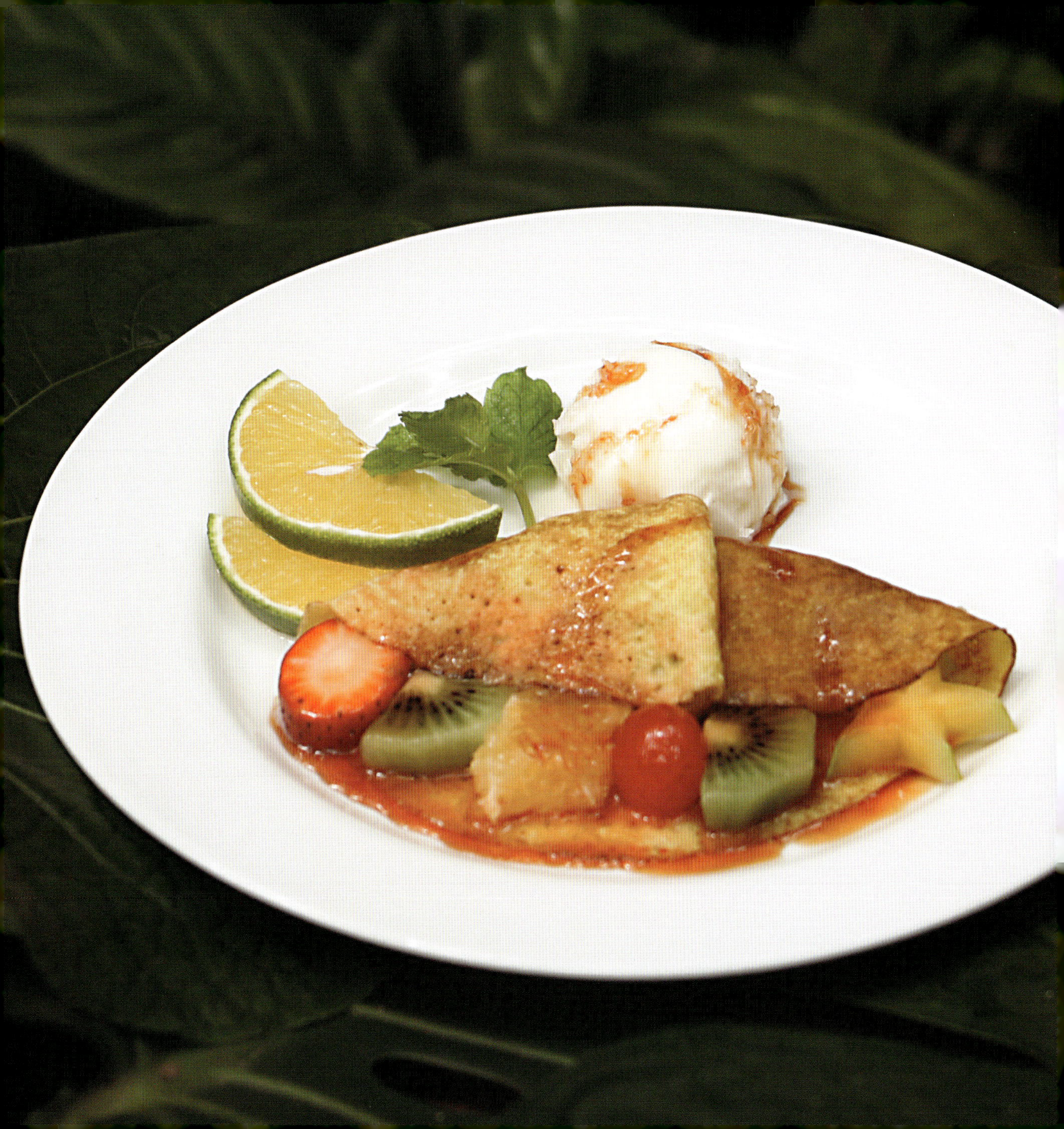

Sobremesas | Rendimento: 10 porções | Calorias: 80 kcal/porção

Gelatina Mosaico com Calda de Limão

Ingredientes

2 caixas de gelatina diet sabor morango (70 g)

2 caixas de gelatina diet sabor abacaxi (70 g)

2 caixas de gelatina diet sabor uva (70 g)

1 caixa de gelatina diet sabor limão (35 g)

180 ml de iogurte light

3 colheres (sopa) de adoçante para uso culinário

1 vidro de leite de coco light (200 ml)

2 colheres (sopa) de gelatina sem sabor

flores comestíveis para decorar

Modo de Preparo

Em quatro tigelas de vidro preparo cada sabor de gelatina separadamente, conforme instruções do rótulo da embalagem. Espero esfriar e distribuo em fôrmas individuais, com cerca de 15 cm de diâmetro. Levo para gelar até endurecer. Retiro da geladeira, desenformo e corto em pequenos cubos. Misturo delicadamente todos os cubinhos de gelatina em uma única vasilha. Reservo. Coloco no liquidificador o iogurte, o adoçante e o leite de coco. Deixo bater até homogeneizar todos os ingredientes. Adiciono por último o pó da gelatina sem sabor. Bato mais um pouco para misturar bem e encorpar um pouco. Despejo esse creme sobre a gelatina picada. Uso uma colher para misturar com cuidado, deixando que o creme envolva tudo. Levo novamente para gelar, até que fique bem firme. Retiro da geladeira somente na hora de servir. Corto 10 pedaços, em formato de triângulo ou de estrela. Decoro com as flores e sirvo.

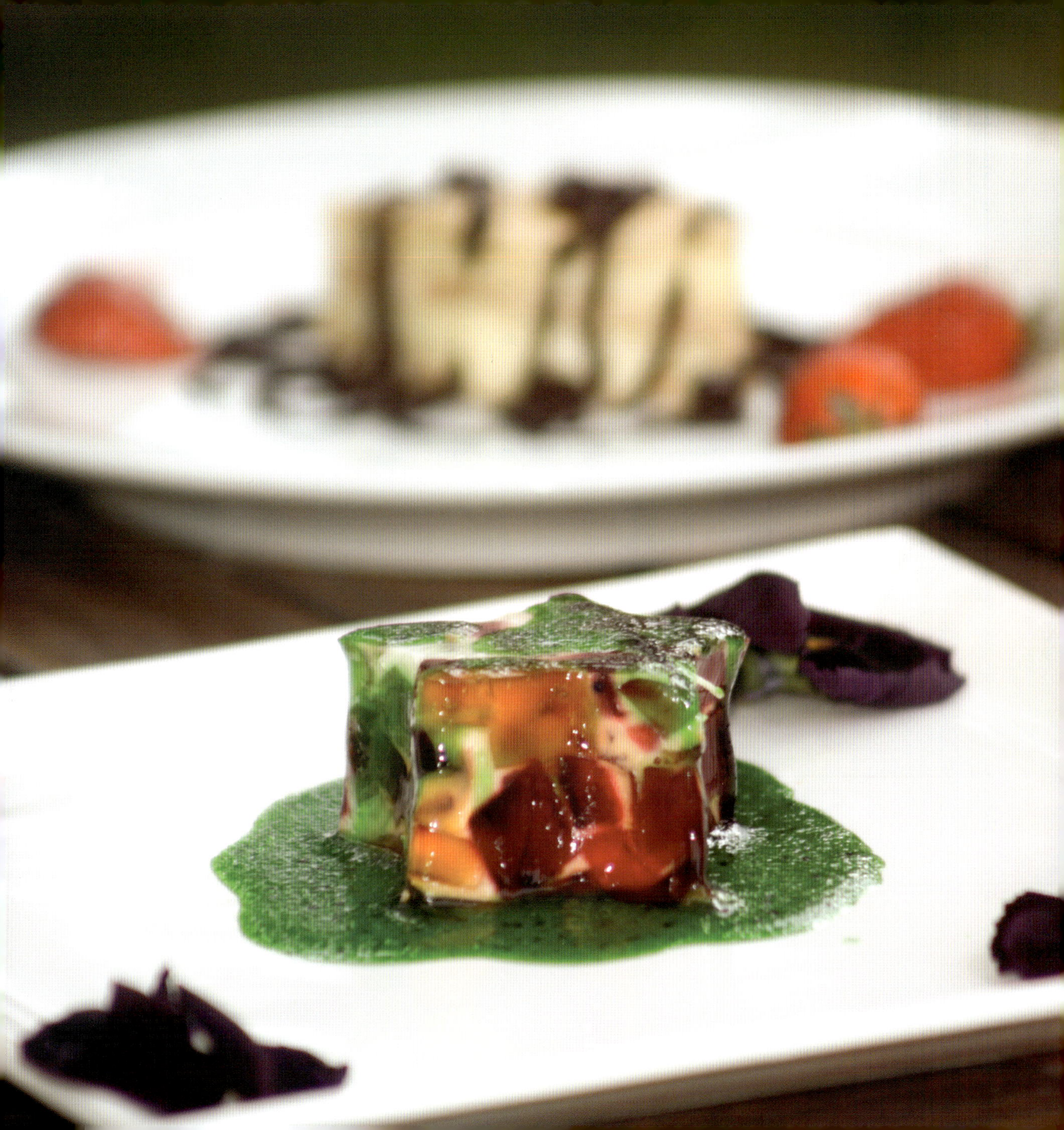

Sobremesas | Rendimento: 10 porções | Calorias: 110 kcal/porção

Manjar de Caju

Ingredientes

4 colheres (sopa) de amido de milho

meio vidro de leite de coco light (100 ml)

1 garrafa de suco de caju concentrado (500 ml)

2 xícaras (chá) de adoçante para uso culinário

meio morango para decorar

Calda

1 pacote de pudim diet sabor baunilha (35 g)

400 ml de leite desnatado

Modo de Preparo

Em uma pequena vasilha de louça, coloco o amido de milho e diluo bem com um pouco do leite de coco. Despejo em uma panela o suco de caju, o restante do leite de coco e o adoçante. Levo ao fogo e deixo ferver. Acrescento aos poucos o amido diluído e, sem parar de mexer, deixo cozinhar até engrossar. Retiro do fogo e distribuo o creme em dez forminhas. Levo à geladeira.

Calda

Em uma panelinha, diluo bem o pó do pudim em um pouco de leite. Despejo o restante do leite e levo ao fogo para cozinhar. Vou mexendo sem parar até ficar no ponto de uma calda bem encorpada, ou de um creme bem ralo. Retiro do fogo e deixo esfriar. Enquanto isso, desenformo o manjar, que deverá estar bem firme e gelado. Despejo delicadamente uma pequena concha da calda por cima do manjar e coloco o morango para decorar.

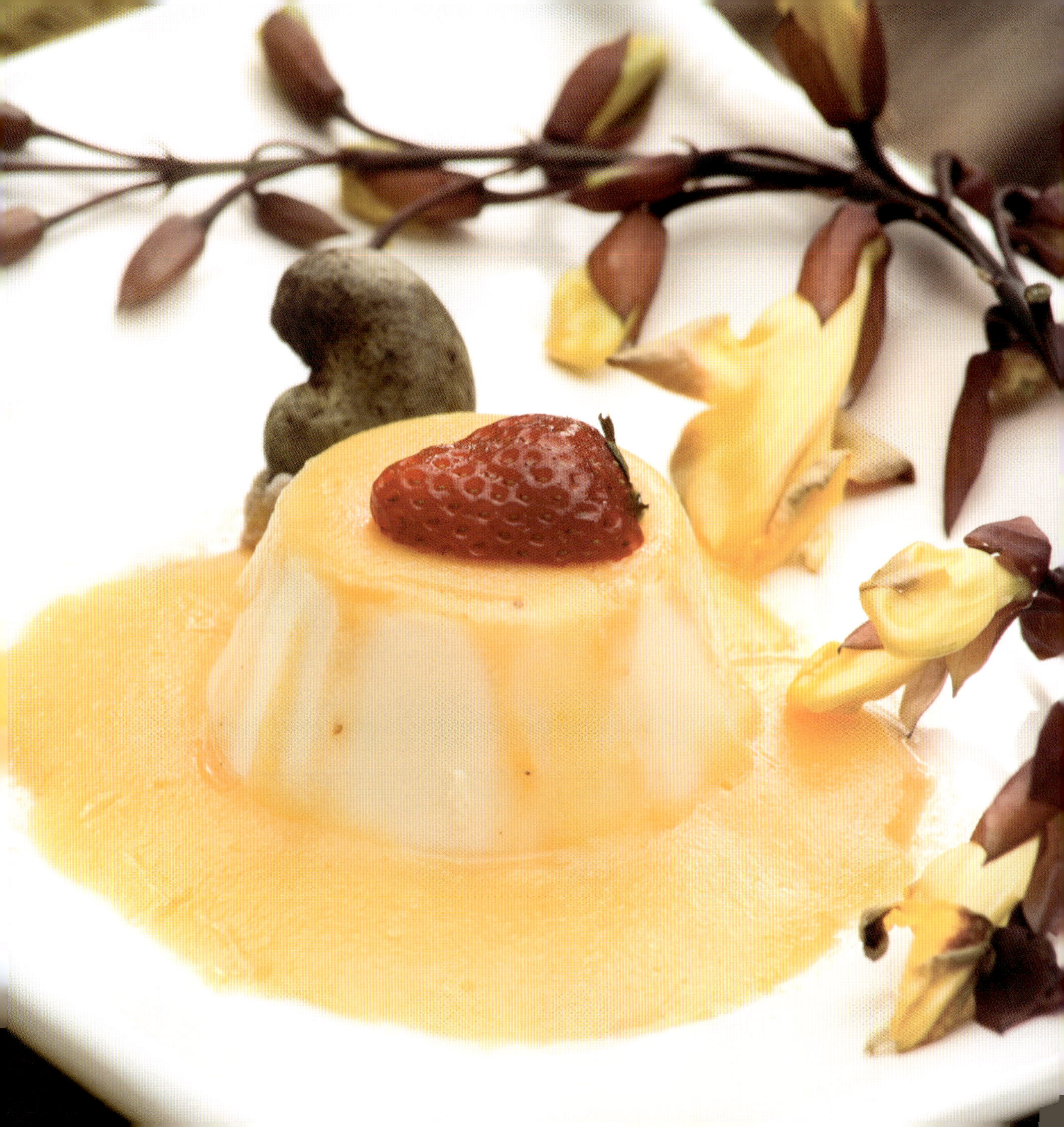

Manjar de Coco

Ingredientes

Manjar

2 caixinhas de flan diet sabor coco

meio litro de leite desnatado

1 xícara (chá) de adoçante em pó para uso culinário

meia xícara (chá) de coco ralado (30 g)

2 garrafinhas de leite de coco light (400 ml)

Calda

10 unidades de ameixa preta seca

meio litro de água

1 colher (sopa) de amido de milho

Modo de Preparo

Manjar

Utilizo uma panela de vidro refratário ou antiaderente, para que o creme não grude muito e tenha melhor rendimento. Coloco o pó do flan e despejo um pouco do leite, mexendo bem para diluir e não empelotar. Acrescento o adoçante, o coco ralado e o restante do leite e misturo tudo. Adiciono o leite de coco e mexo mais um pouco. Levo ao fogo moderado para cozinhar, sem parar de mexer, até engrossar e ficar bem cremoso. Retiro do fogo, espero esfriar e distribuo em oito forminhas redondas. Levo à geladeira e deixo gelar bem.

Calda

Abro as ameixas, retiro o caroço e coloco em uma panela. Em uma pequena vasilha de vidro ou louça, diluo muito bem o amido com um pouco de água e reservo. Coloco na panela o restante da água. Levo ao fogo médio e deixo ferver. Derramo delicadamente o amido diluído em água, misturando bem. Sem parar de mexer, vou cozinhando até encorpar, formando uma fina calda aveludada. Retiro do fogo. Enquanto a calda esfria, desenformo o manjar. Arrumo no meio do prato, despejo um pouco da calda por cima e ao redor do manjar e enfeito com duas ameixas.

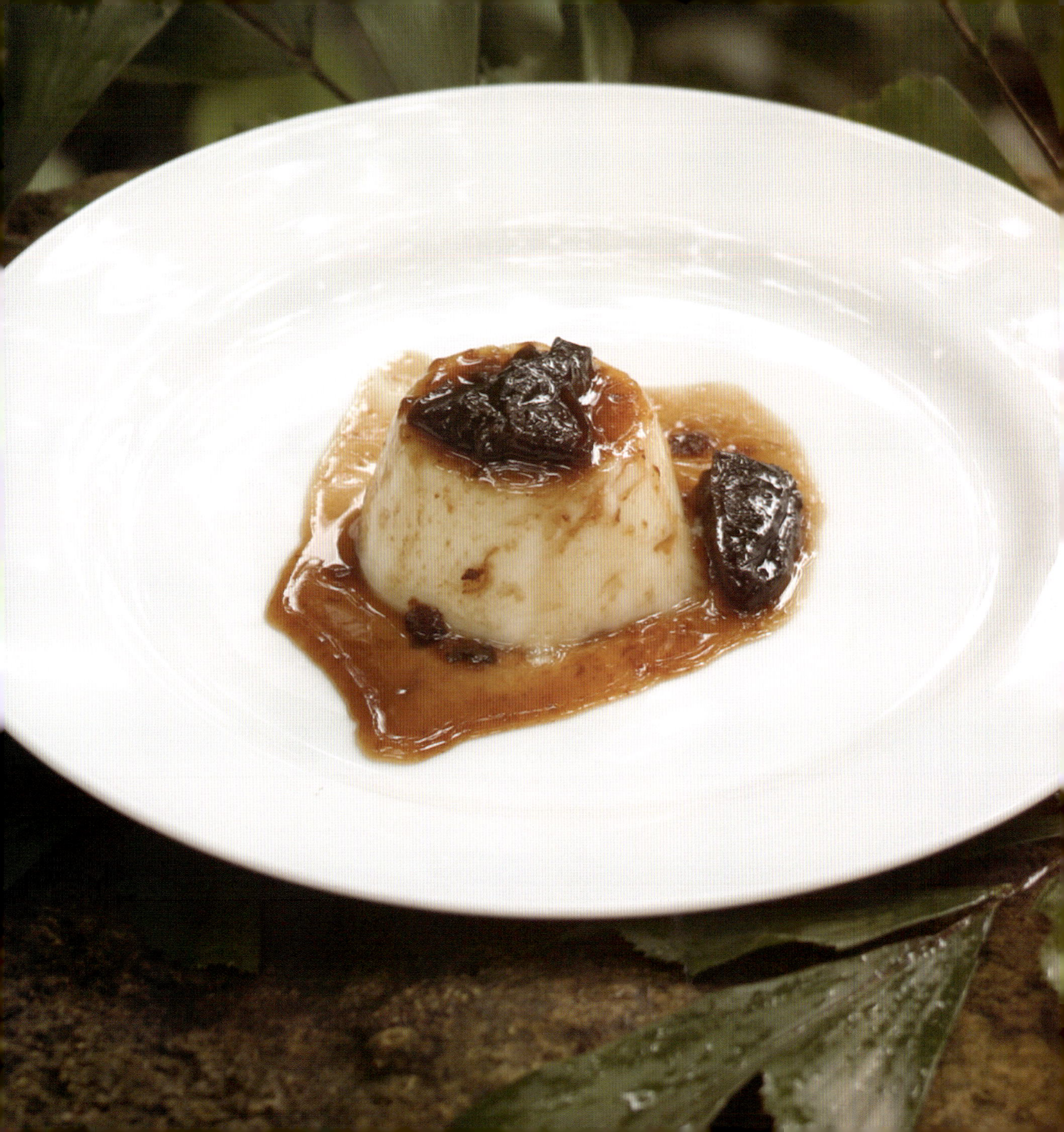

Manjar de Laranja Recheada

Ingredientes

4 laranjas inteiras

2 colheres (sopa) de amido de milho

400 ml de suco de laranja

2 colheres (sopa) de adoçante para uso culinário

5 cerejas em calda

casca de 1 laranja para decorar

Calda

1 pacote de frutose (125g)

meia xícara (chá) de água

Modo de Preparo

Descasco as laranjas e corto em generosas rodelas. Reservo. Diluo o amido de milho no suco de laranja e levo ao fogo. Acrescento adoçante e deixo cozinhar, sem parar de mexer, até engrossar. Retiro do fogo e deixo esfriar um pouco. No prato que irei servir, coloco uma rodela de laranja bem no centro. Rego por cima uma porção do creme e assim, sucessivamente, até formar 3 camadas. Termino a última camada, cobrindo com uma rodela de laranja. Arrumo uma cereja por cima e espalho as outras ao redor. Reservo.

Calda

Coloco o adoçante em uma panela e levo ao fogo moderado até caramelizar. Adiciono a água e deixo ferver até evaporar um pouco. Retiro do fogo e despejo, ainda quente, por cima da laranja. Aproveito para enfeitar com três longas tiras de casca de laranja, em serpentina. Sirvo imediatamente.

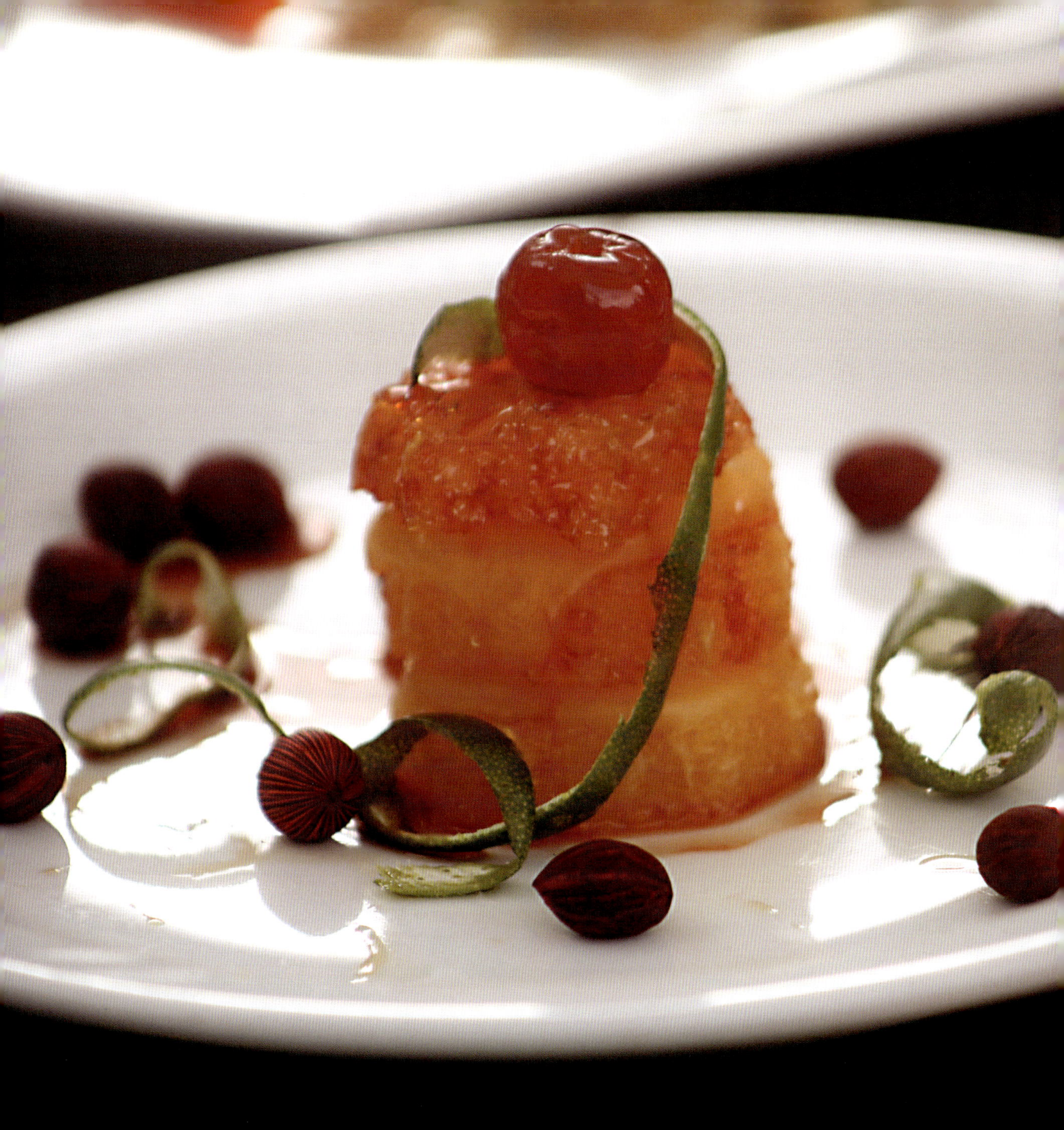

Pudim de Chocolate

Ingredientes

Pudim

30 g de frutose para caramelizar

500 ml de leite desnatado

2 xícaras (chá) de achocolatado diet ou light (200 g)

1 colher (sopa) de adoçante para uso culinário

1 colher (sobremesa) de farinha de trigo

3 ovos inteiros

2 morangos para decorar

Calda

1 caixinha de flan diet sabor chocolate (35 g)

150 ml de água

Modo de Preparo

Pudim

Levo ao fogo moderado uma pequena fôrma, adiciono a frutose e deixo formar uma calda fina e dourada. Retiro do fogo, caramelizo a fôrma e reservo. Coloco no liquidificador o leite, o achocolatado, o adoçante, a farinha e os ovos. Deixo bater até obter uma mistura bem homogênea. Despejo a massa na fôrma e levo para assar no forno preaquecido, em temperatura moderada, em banho-maria, aproximadamente por uma hora.

Calda

Em uma panela, diluo o pó do flan na água, misturando aos poucos para não empelotar. Cozinho em fogo médio até adquirir uma consistência cremosa. Desenformo o pudim, corto em formato de coração e acomodo no meio do prato. Cubro todo o pudim com a calda, deixando que escorra generosamente pelos lados. Dou um toque final, enfeitando com os morangos, e sirvo.

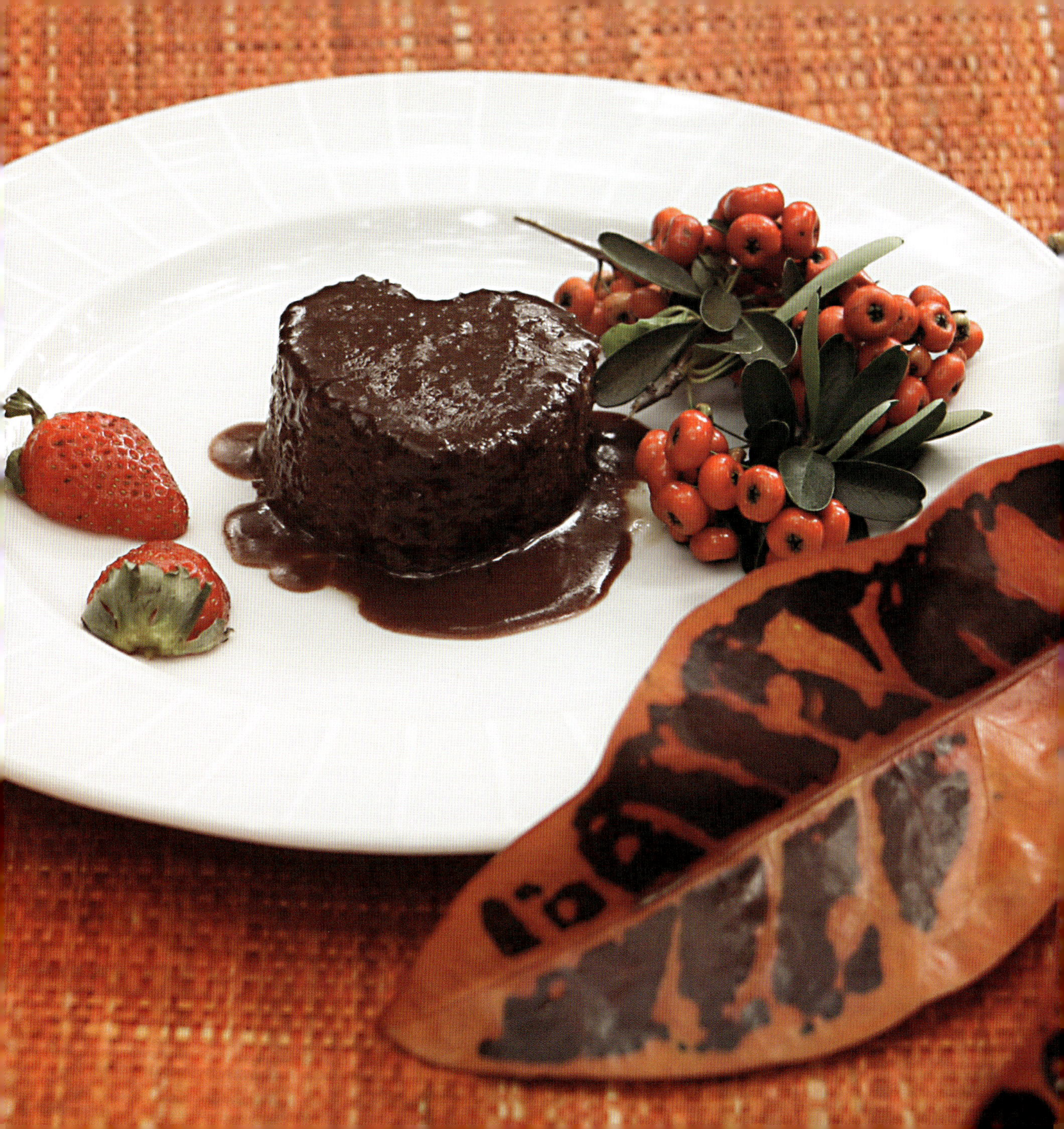

Pudim de Baunilha

Ingredientes

Pudim

80 g de frutose para caramelizar

1 litro de leite desnatado

2 colheres (sopa) de farinha de trigo branca

1 xícara (chá) de adoçante para uso culinário

4 ovos inteiros

1 colher (chá) de essência de baunilha

1 laranja kin kan para decorar

1 lichia para decorar

2 raminhos de hortelã para decorar

Calda

1 caixinha de flan diet sabor baunilha (35 g)

180 ml de água

Modo de Preparo

Pudim

Coloco a frutose em uma fôrma, levo ao fogo moderado e deixo ferver até formar uma calda dourada. Retiro do fogo, caramelizo a fôrma e reservo. Bato no liquidificador o leite, a farinha, o adoçante, os ovos e a essência de baunilha, até adquirir uma massa rala e bem homogênea. Transfiro a massa para a fôrma e levo para assar no forno preaquecido, em temperatura moderada, em banho-maria, aproximadamente por 1 hora.

Calda

Misturo delicadamente o pó do flan e a água em uma panelinha, cuidando para não empelotar. Levo ao fogo brando até engrossar e formar um creme. Retiro o pudim assado do forno, deixo esfriar um pouco, desenformo e corto no formato de um coração. Rego fartamente a calda por cima do pudim, decoro com as frutinhas, os raminhos de hortelã e levo à mesa.

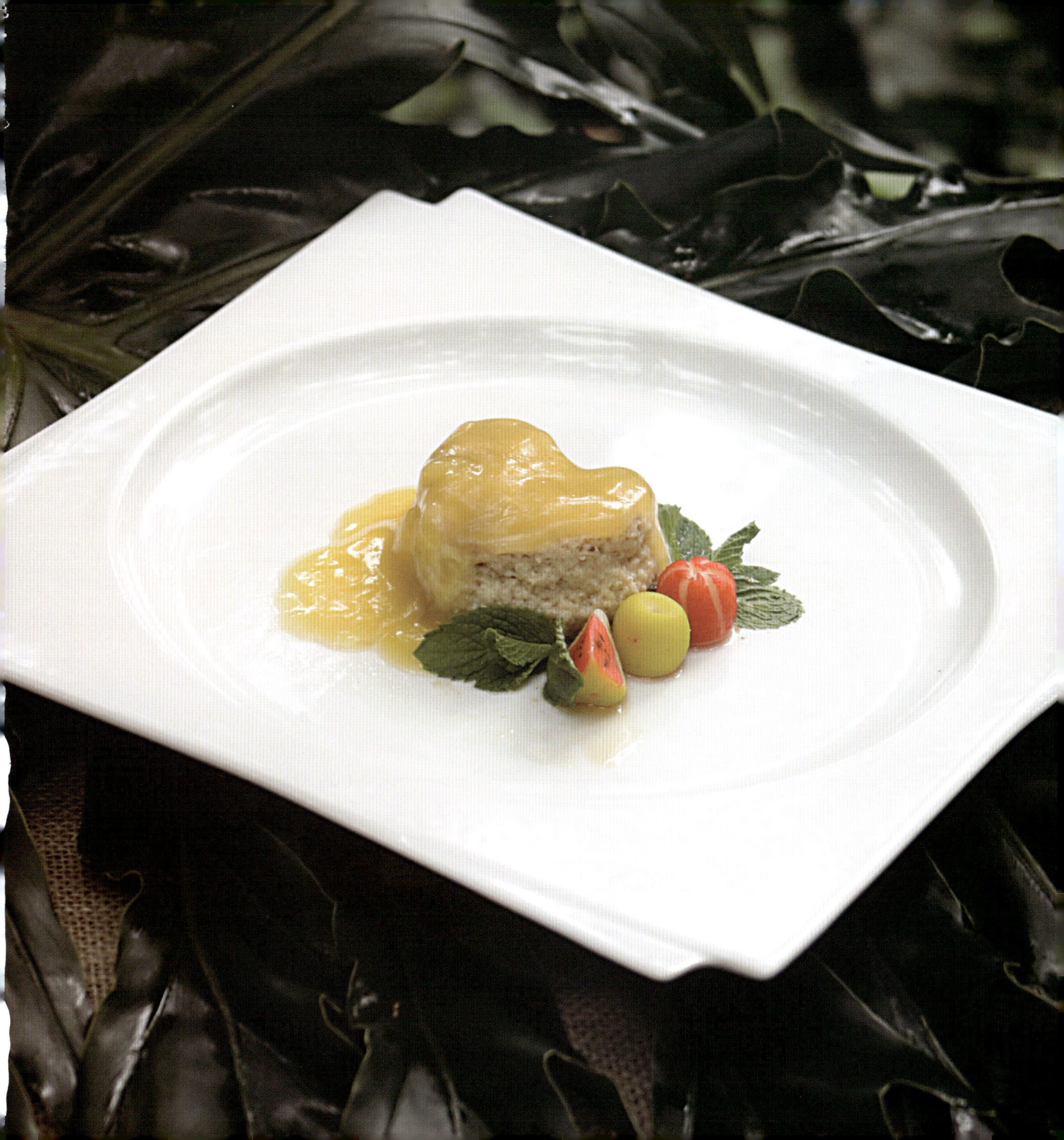

Pudim de Tâmaras

Ingredientes

100 g de frutose para caramelizar

800 ml de leite desnatado

40 g de tâmaras

1 colher (sopa) de farinha de trigo branca

50 g de adoçante em pó para uso culinário

5 ovos inteiros

Modo de Preparo

Coloco a frutose em uma fôrma com orifício de 20 cm, levo ao fogo médio e, sem parar de mexer, faço uma calda grossa e dourada. Retiro do fogo, caramelizo a fôrma e reservo. Em um liquidificador, adiciono o leite, as tâmaras, a farinha, o adoçante e os ovos. Deixo bater bem, até ficar um creme fino e homogêneo. Despejo na fôrma e levo para assar em banho-maria, em fogo médio, por aproximadamente 40 minutos, até o pudim adquirir uma consistência firme. Espero esfriar e levo para a geladeira. Só desenformo quando estiver bem gelado. Para que o pudim não quebre, coloco a fôrma numa vasilha maior com água quente. Espero uns dois minutinhos para que o pudim se desgrude das paredes da fôrma. Só então desenformo. Coloco num prato bem bonito. Deixo na geladeira até servir.

Dica: Sempre uso frutose para fazer caldas e outras receitas que vão ao fogo. Ela é um adoçante extraído do mel e das frutas, mais saudável e menos calórico que o açúcar, muito utilizada em dietas de emagrecimento. Por ter um índice glicêmico baixo, é encontrado facilmente como produto dietético. Mas deve ser consumido com moderação por pessoas diabéticas.

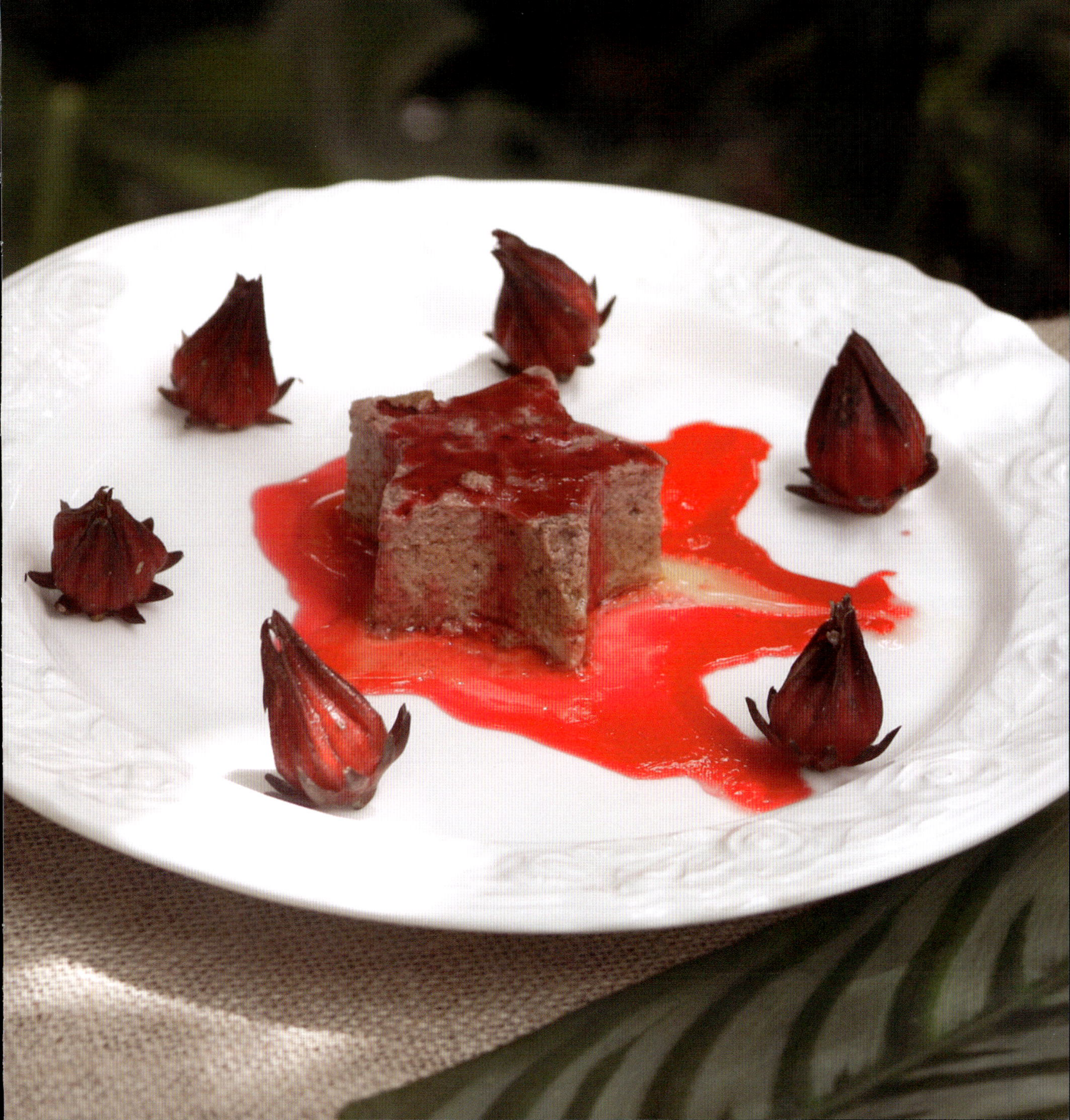

Salada de Frutas com Cottage

Ingredientes

4 fatias finas de melão
1 fatia fina de manga
1 fatia média de laranja
1 rodela média de kiwi
1 colher (sopa) de cottage
2 tomates pêra
1 lichia
1 laranja kin kan
1 morango médio
1 cereja
1 ramo pequeno de hortelã para decorar

Modo de Preparo

Escolho as frutas mais bonitas e fresquinhas para preparar a salada. Corto as quatro fatias de melão em lâminas bem fininhas. Com a fatia de manga sou mais generosa, mas sem exageros. Da laranja e do kiwi, corto uma rodela média de cada. Retiro a pele dos tomates e da lichia. Começo a distribuir delicadamente as frutas em um prato, colocando primeiro as fatias de melão e de manga, depois a fatia de laranja, a fatia de kiwi e a laranjinha kin kan. Concentro o cottage quase ao meio e finalizo sobrepondo ao redor os frutos vermelhos e o raminho de hortelã, formando um arranjo bonito e alegre. Sirvo em seguida.

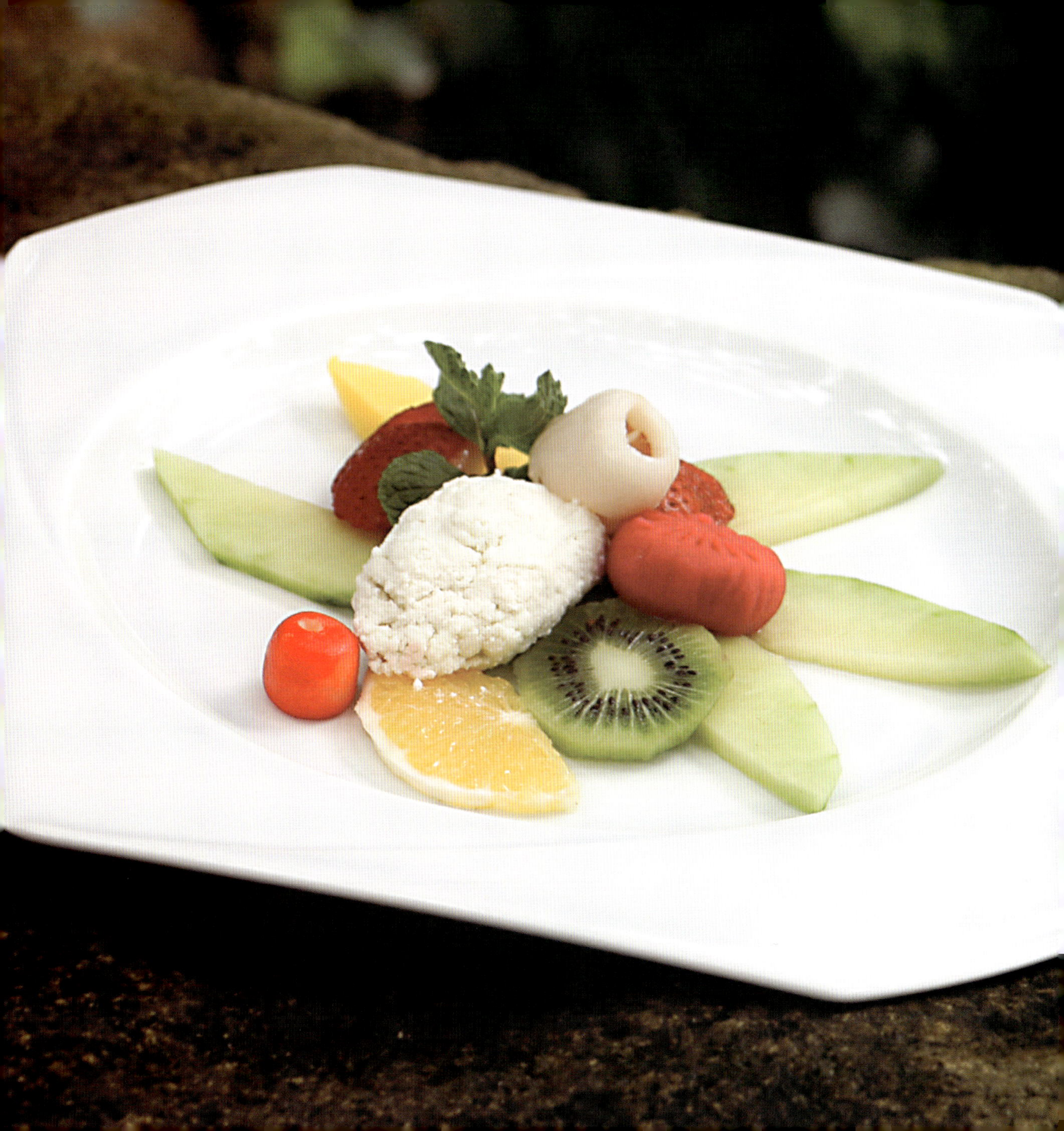

Torta de Coco

Ingredientes

Massa

1 pacote de biscoito tipo maria triturado

1/3 de lata de refrigerante diet sabor guaraná

Creme

4 colheres (sopa) de amido de milho

1 litro de leite desnatado

1 vidro de leite de coco light (200 ml)

2 xícaras (chá) de adoçante em pó para uso culinário

100 g de coco ralado

4 gemas

cravos da índia para decorar

1 flor comestível para decorar

Modo de Preparo

Massa

Formo uma massa bem homogênea, misturando os biscoitos triturados com o guaraná diet. Forro com ela uma fôrma de 20 cm com base removível. Estico delicadamente a massa, para que ocupe todo o fundo da fôrma e fique bem lisinha. Reservo.

Creme

Em uma panela, coloco o amido de milho e diluo no leite, sem deixar empelotar. Acrescento o leite de coco, adoçante e metade do coco ralado. Por último, bato ligeiramente as gemas e despejo em fio, sem parar de mexer, misturando bem. Levo ao fogo moderado, mexendo sempre, até que forme um creme bem encorpado. Retiro do fogo e deixo esfriar. Adiciono sobre a massa de biscoito e, por cima, polvilho o restante do coco ralado. Levo para gelar até ficar bem firme. Desenformo e corto em pedaços no formato de losango. Arrumo uma fatia num prato, decoro com cravos da índia e uma flor comestível e levo à mesa.

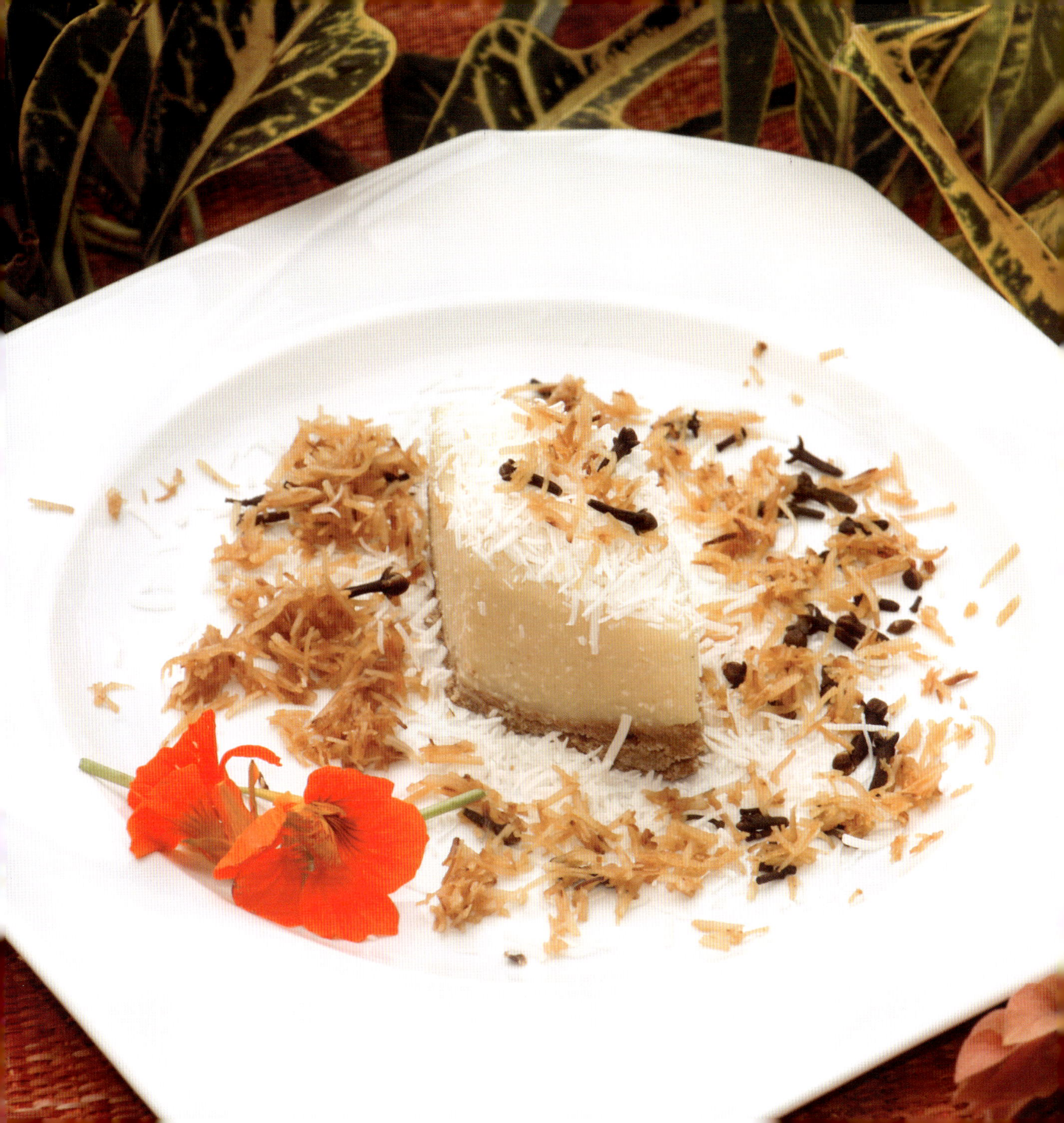

Sobremesas | Rendimento: 10 porções | Calorias: 110 kcal/porção

Torta de Morango

Ingredientes

Massa

1 pacote de biscoito tipo maria triturado

1/3 da lata de refrigerante diet sabor guaraná

Creme

2 potes de iogurte desnatado (360 ml)

1 xícara (chá) de leite desnatado

1 caixa pequena de morangos

1 xícara (chá) de adoçante em pó para uso culinário

4 colheres (sopa) de gelatina sem sabor em pó

2 caixas de gelatina diet sabor morango (70 g)

500 ml de água

morangos para decorar

raminhos de hortelã para decorar

Modo de Preparo

Massa

Misturo os biscoitos triturados com o guaraná diet, formando uma massa uniforme. Com a ajuda dos dedos e da palma das mãos, forro uma fôrma de 20 cm com fundo removível. Deixo de lado.

Creme

Bato no liquidificador o iogurte com o leite, os morangos e o adoçante. Acrescento por último a gelatina sem sabor, diluída conforme orientação da embalagem. Bato mais um pouco e despejo sobre a massa que reservei. Levo a fôrma para a geladeira. Diluo o pó de duas caixinhas de gelatina diet de morango em apenas meio litro de água fervente. Deixo esfriar. Retiro a fôrma da geladeira e despejo a gelatina de morango por cima do creme. Volto a levar para gelar, até ficar bem firme. Desenformo e corto cada pedaço em formato redondo. Decoro com um morango e um raminho de hortelã e sirvo em seguida.

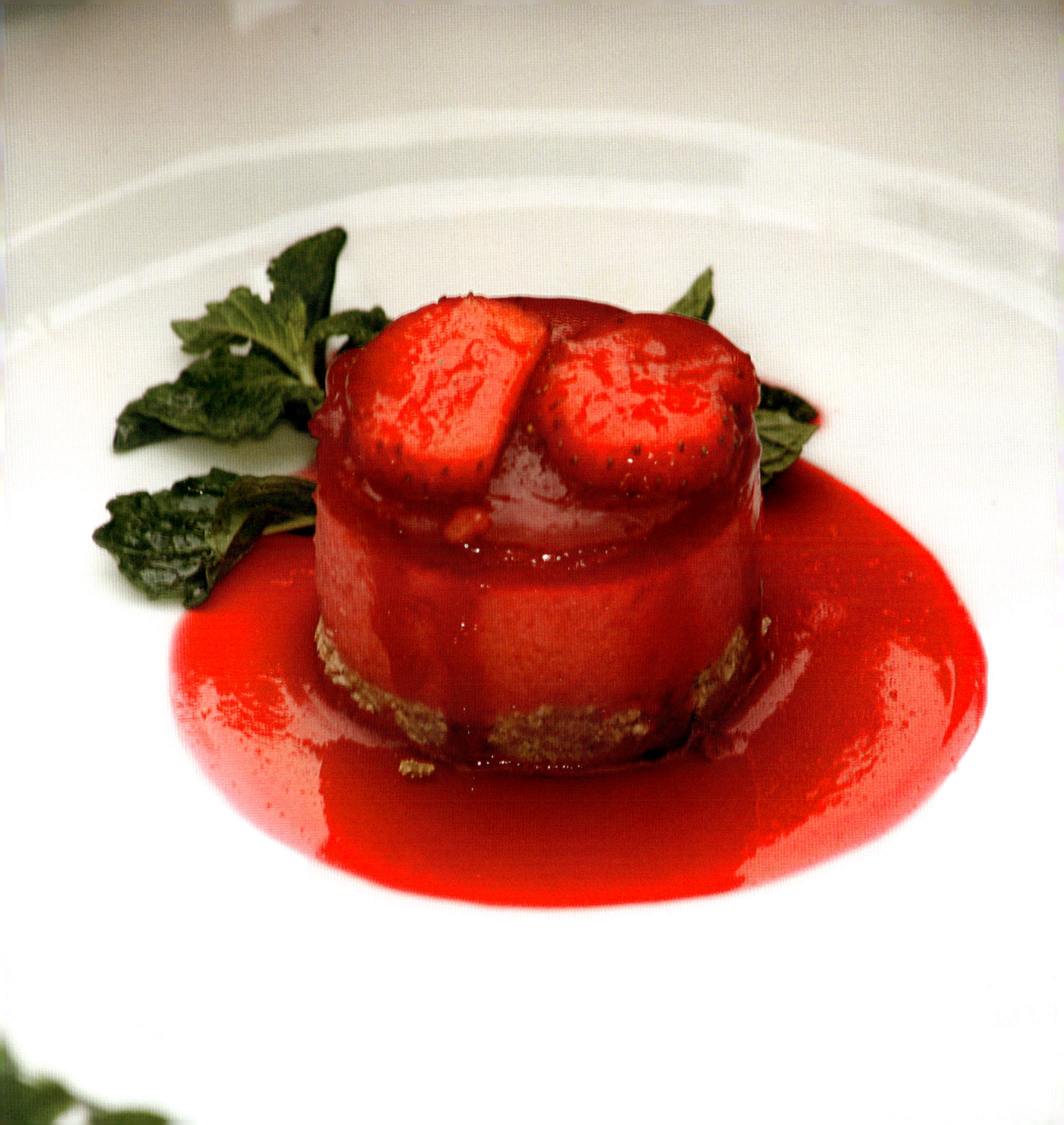

Torta de Pêra com Calda de Uva

Ingredientes

Torta

4 ovos inteiros

meia xícara (chá) de adoçante para uso culinário

meia xícara (chá) de leite desnatado

200 g de ricota fresca

1 colher (sobremesa) farinha de trigo branca

2 pêras descascadas e picadas

1 colher (chá) de essência de baunilha

Cobertura

1 colher (sobremesa) de amido de milho

2 pêras descascadas e picadas

320 ml de água

5 cravos

1 colher (chá) de adoçante em pó

Calda

1 colher (sopa) de amido de milho

meio litro de água

1 pacote de suco light sabor uva

Modo de Preparo

Torta

Bato no liquidificador os ovos e o adoçante, até misturar bem. Adiciono o leite, a ricota, a farinha, as pêras e a essência de baunilha. Deixo bater, até formar uma massa uniforme. Transfiro para uma fôrma, com fundo removível, levemente untada e polvilhada com uma pitada de trigo. Levo ao forno preaquecido em temperatura moderada. Mantenho assando, até a massa ficar firme e adquirir um tom dourado. Retiro do forno e reservo.

Cobertura

Em uma pequena caneca misturo o amido de milho com 120 ml de água. Reservo. Coloco a pêra para cozinhar com o restante da água. Acrescento os cravos e o adoçante. Deixo cozinhando até a pêra se dissolver. Adiciono o amido diluído, mexendo sempre, até formar um creme. Retiro do fogo e deixo esfriar. Cubro a torta com esse creme e levo a fôrma à geladeira.

Calda

Diluo o amido em um pouco de água e reservo. Em uma panela coloco o suco dissolvido no restante de água e levo ao fogo para ferver. Despejo aos poucos o amido, sem parar de mexer, e deixo cozinhar até atingir a consistência de uma calda. Tiro do fogo e espero esfriar. Desenformo a torta. Arrumo um pequeno pedaço de torta no prato que irei servir. Coloco uma pequena concha da calda por cima. Decoro com as fatias de pêra, dispondo-as como se fossem pétalas de flores e arremato com as cerejas.

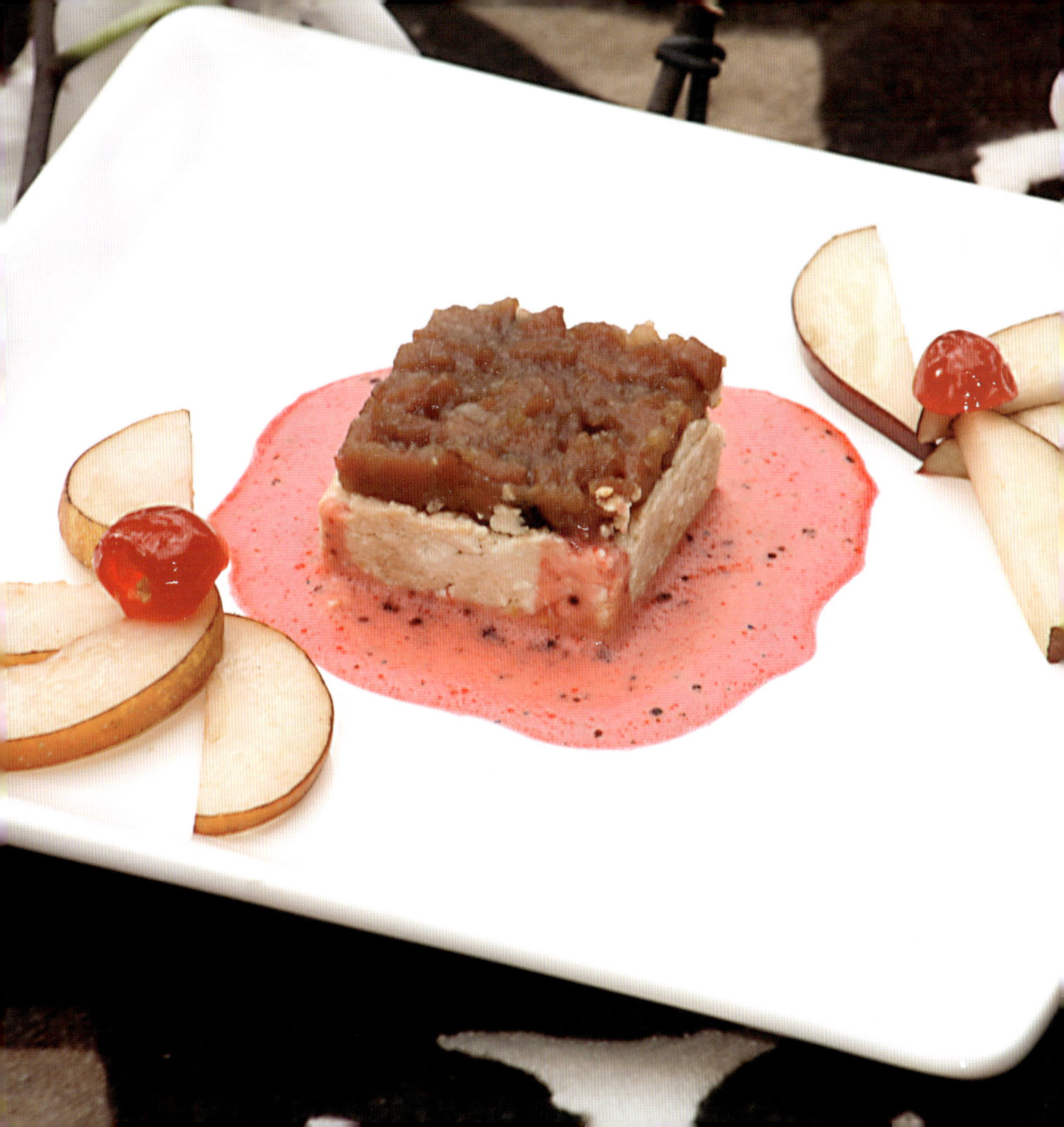

Editora Boccato Ltda. EPP
Rua Comendador Elias Zarzur, 1470 – Alto da Boa Vista
04736-002 – São Paulo – SP
(11) 5686-5565 – editora@boccato.com.br

EDITORA BOCCATO

Editora Gaia LTDA.
(pertence ao grupo Global Editora e Distribuidora Ltda.)
Rua Pirapitingüi, 111-A - Liberdade 01508-020
São Paulo - SP - Brasil (11) 3277-7999
www.globaleditora.com.br - gaia@editoragaia.com.br

Edição: André Boccato
Fotografias: Tuca Reinés: págs. 03, 07, 11, 15, 25, 29, 33, 37, 41, 47, 51, 53, 55, 57.
André Boccato: págs. Capa, 02, 09, 13, 17, 19, 21, 23, 27, 31, 35, 39, 43, 45, 49, 59, 61, 63.
Assistente de Fotografia: Cristiano Lopes
Produção: Equipe Sete Voltas Spa Resort
Direção de Arte: Eduardo Schultz
Produtor Gráfico: Airton Pacheco
Consultoria Nutricional: Aline Maria Terrassi Leitão, Sete Voltas Spa Resort
Textos: Gisele Mendes
Revisão: Rita Pereira de Souza
Coordenação Administrativa: Maria Aparecida C. Ramos
Assistente Geral: Cenair Streck

Editora Gaia - Diretor Editorial: Jefferson L. Alves
Diretor de Marketing: Richard A. Alves
Impressão: Escolas Profissionais Salesianas

As fotografias deste livro são ensaios artísticos, não necessariamente reproduzindo as proporções e realidade das receitas, as quais foram criadas e testadas pelos autores, porém sua efetiva realização será sempre uma interpretação pessoal dos leitores. Em caso de dúvidas sobre as receitas aqui contidas, ligar para Departamento de Atendimento do Sete Voltas Spa Resort, fone: 11 4534-7800 - 4524-1487 - 4524-1711

Dados Internacionais de Catalogação na Publicação (CIP)
(Câmara Brasileira do Livro, SP, Brasil)

Abicair, Myrian
  Novas Receitas Light / de Myrian Abicair do Sete Voltas Hotel / Myrian Abicair ; Fotografias de Tuca Reinés e André Boccato. -- São Paulo : Gaia : Boccato, 2006.

  ISBN 85-7555-117-5

  1. Culinária I. Reinés, Tuca. II. Boccato, André. III. Título.

06-8304   CDD-641.5635

Índices para catálogo sistemático:

1. Receitas Light : Culinária   641.5635